Jean-Claude Landier
Professeur des écoles

Français

- Vocabulaire
- Orthographe
- Grammaire
- Conjugaison

Bonjour

.... !*

Le français, ce n'est pas si compliqué !

C'est comme un jeu ! Il y a des règles – de grammaire, d'orthographe, de conjugaison – et du vocabulaire. Une fois que tu les as apprises et retenues, tu n'as plus qu'à t'entraîner pour mettre en pratique tes connaissances.

Ce cahier sera ton compagnon et tu te rendras compte que tu sais plein de choses : cela te fera plaisir !

★ Écris ton prénom.

HATIER
www.chouette-hatier.com

Présentation

Ce cahier aide l'enfant à consolider ses bases et à s'évaluer en français.
Car il ne suffit pas d'apprendre ses leçons : il faut pratiquer et s'entraîner.

- Chaque unité comporte quatre pages : une de Vocabulaire, une d'Orthographe, une de Grammaire et une de Conjugaison.
- Sur chaque page, une à trois notions sont traitées.
- Les exercices reprennent de manière systématique toutes les notions abordées en classe de CE2.
- Ils assurent ainsi, par une mise en application répétée de la règle, une parfaite acquisition des connaissances et des savoir-faire attendus.

 Pour chaque groupe d'exercices, la règle est rappelée et accompagnée d'exemples résolus.

 Chacun des exercices reprend méthodiquement la ou les notions clé(s) abordée(s) dans la page de manière à optimiser l'assimilation des connaissances.

 Les corrigés permettent la vérification des acquis et l'évaluation des résultats, par l'enfant seul ou aidé d'un adulte.

 Au bas de chaque page figure un emplacement où l'enfant pourra noter, après consultation des corrigés, le nombre d'exercices qu'il a très bien (●), moyennement (●) ou pas réussis (●).

Sur la dernière page, l'enfant trouvera un Mémo avec les conjugaisons des verbes qu'il doit impérativement connaître.

Des cahiers pour :

s'entraîner

fixer ses connaissances

travailler à son rythme

être prêt pour l'année suivante !

Édition : Claire Dupuis

Correction : Nathalie Rachline

Conception : Frédéric Jely

Mise en page : Atelier JMH

Dessins : Karen Laborie

Chouettes :
Guillaume Trannoy

© HATIER PARIS 2009 - ISBN 978-2-218-93412-4

Sommaire

Vocabulaire

Les différents sens d'un mot

> Certains mots peuvent avoir **plusieurs sens**.
>
> La phrase se termine par un **point**.
> Notre équipe a marqué un **point**.
> Maman a mis un **point** à ma chemise.

1 **Pour chaque phrase, écris à quoi correspond le mot** *service* **:**
un temps passé à l'armée, la vaisselle ou les serviettes,
une somme à ajouter au prix du repas, une aide.

- Sur ce menu, le *service* est compris. ....
- Il m'a rendu un grand *service*. ....
- Cet homme a terminé son *service* militaire. ....
- Maman a utilisé son beau *service* de table. ....

2 **Remplace le mot** *dur* **par un des mots suivants :**
solide, difficile, cuit, insensible.

- Veux-tu un œuf *dur* (.............................) ? ● Ce mur est très *dur* (.............................).
- La maîtresse nous a donné un problème *dur* (.........................) à faire.
- Cet homme n'est pas gentil : il a le cœur *dur* (...).

3 **Trouve le même mot qui manque.**

Elle aime se regarder dans la .... Cet hiver, nous pourrons patiner

sur la .... Mon dessert préféré, c'est une ....

4 **Réponds aux devinettes.**

- Je mange dessus ou elle me sert pour apprendre mes multiplications,

c'est la ....

- Entre l'épaule et le coude ; certains fleuves, certains fauteuils en ont,

ce sont les ....

- Je joue avec, je la demande au restaurant, je l'observe en géographie,

c'est la ....

- Une partie d'une orange, un endroit dans une ville,

c'est un ....

Révisions des sons
« in, an, on, ien, ail, eil, euil »

- Le son **«in»** peut s'écrire **in**, **aim**, **ain** ou **ein**. linge, daim, main, plein
- Le son **«an»** peut s'écrire **an** ou **en**. chanson, silence
- Le son **«on»** peut s'écrire **on**, **ont**, **ond**. mon, pont, fond
- Je ne confonds pas : **ail** portail , **aille** paille , **eil** réveil , **eille** abeille , **euil** écureuil et **euille** feuille .

1 **Complète par** in, ain, ein, ou ien**.**

le mat........., un ....vité, un écriv........., une t........te, mon parr........., la p........ture, un requ........., soud........., un ch........., un Ind........., ju........., du gr........., un pouss........., le jard........., un moul........., un refr........., un bamb........., vil........., un chagr........., un cous......... .

2 **Complète par** an ou en**.**

........tourer, comm........t, un pélic........, un gagn........t, dim........che, un volc........, un océ........, desc........dre, le m........ton, mam........, ...lever, un cadr........, un sil........ce, un d........tifrice, un enf........t, une lég........de, dem........der, la lav........de, une br........che, une abs........ce.

3 **Complète par** on ou ond**.**

un th........., un s........., le f........., un chat........., un r........., un mout........., glout........., un cray........., un chard........., le plaf........., un bid........., un dind........., prof........., un mens........ge, un bouch........., un réveill........., un vagab........., un torch........., le guid........., une m........tre.

4 **Complète par** ail, aille, eil, eille, euil ou euille**.**

un ort........., le trav........., une merv........., un évent........., un r........., le sol........., une ab........., une bout........., un faut........., la p........., un appar........., le somm........., une or........., la bat........., une méd........., un cons........., une éc........, une corb........., une f........., le gouvern......... .

Grammaire

La phrase

- La phrase est **une suite de mots qui a un sens**.
- Elle commence par une **majuscule** et se termine par un **point**.

Ma petite sœur termine son repas.

1 **Souligne les suites de mots qui sont des phrases.**
- nous regarde Stéphanie petite poissons
- Ce petit village est très accueillant.
- construit grenier échelle de bois
- Une voiture passe en faisant beaucoup de bruit.
- Gildas est souvent malade.

2 **Replace les mots dans l'ordre pour retrouver les phrases. N'oublie pas les majuscules et les points !**
- poisson le nage rouge bocal son dans : ....
- sonner cloche la de vient : ....
- est Minet mignon un chat petit : ....
- livre Marianne passionnant un lit : ....

3 **Complète ces phrases en ajoutant les mots qui manquent.**
- Il était une .... un .... bûcheron qui habitait ....
misérable cabane. • Le marin monte dans son .... pour aller
.... en mer. • Aujourd'hui, ... fait très beau, car
le .... brille dans .... ciel. • .... ouvriers
repeignent .... façade du ....

4 **Utilise chaque suite de mots et complète-la pour faire une phrase.**
- chat, mange, croquettes : ....
- enfants, plage, été : ....
- Christophe, matin, déjeune : ....
- prendre, demain, train : ....
- ramasse, il, coquillages : ....

Conjugaison

Reconnaître un verbe : l'infinitif

> ● Observe : Damien **écoute** un disque. Le chat **dort** sur le tapis.
> Les feuilles **tombent** des arbres.
>
> Les mots soulignés sont des **verbes**.
>
> ● Pour désigner un **verbe**, on donne son **infinitif** :
> écout**er**, dorm**ir**, tomb**er**, fai**re**…

1 *Souligne les verbes dans les phrases.*

● La poule pond un œuf. ● Michel conduit bien. ● Le jardinier sème des graines.
● J'emporte mon sac de sport. ● Les piétons avancent. ● Nous sifflons un air connu.
● Patricia lit beaucoup. ● Ces élèves comptent très bien. ● Les touristes demandent
des renseignements. ● Vous lavez la vaisselle.

2 *Transforme les phrases selon le modèle et souligne les verbes
à l'infinitif.* Germain écrit une lettre. → Germain va écrire une lettre.

● Éric attend son père. → ....

● L'enfant finit son travail. → ....

● Il boit de l'eau fraîche. → ....

● La grenouille saute dans l'eau. → ....

3 *Indique entre parenthèses l'infinitif des verbes.*

● J'ai gagné (........................) un joli lot. ● Nous gonflons (........................)
notre ballon. ● Tu invites (........................) ton camarade. ● Vous inventez
(........................) une histoire. ● Elle peint (........................) un coffret.

4 *Écris l'infinitif des verbes dans la bonne colonne.*

	infinitifs en -*er*	infinitifs en -*ir*	autre infinitif
Nous mangeons.	....	....	....
Mes amis arrivent.	....	....	....
Tu attends le car.	....	....	....
Il rougit.	....	....	....
Elle refroidit.	....	....	....

Le sens d'un mot dans une phrase

> Un mot peut avoir **plusieurs sens** (voir page 4). En lisant attentivement la phrase dans laquelle un mot est utilisé, on peut en **deviner** le sens.
>
>
>
> Il **conduit** un avion (il pilote).
> Elle **conduit** son fils à l'école (elle emmène).

1 **Pour chaque mot souligné, choisis l'une des deux significations.**

● *un peu froid, pas abîmés*

Veux-tu boire un Coca frais (...............................) ?

Ce marchand vend des légumes frais (...............................).

● *apparence, lieu*

On trouve encore du charbon dans cette mine (...............................).

Tu as bonne mine (...............................) en ce moment.

● *partie d'un couteau, grosse vague*

Le bateau a été emporté par une lame (...............................) de fond.

Cette lame (...............................) ne coupe plus beaucoup.

● *suite de mots, outil pour pêcher*

Cette ligne (...............................) est très bien écrite.

Il espère prendre du poisson avec sa nouvelle ligne (...............................).

2 **En t'aidant du dictionnaire, indique la signification des mots soulignés.**

● Le vent a tordu la baleine de son parapluie. ....

● Les gens ont aperçu une baleine près des côtes. ....

● Il a tiré une balle avec son pistolet. ....

● À la récréation, nous avons joué à la balle. ....

3 **Complète le tableau en plaçant correctement des croix.**

	enfiler	ajouter	passer	s'énerver
Mettre ses chaussettes	....	....	....	....
Se mettre en colère	....	....	....	....
Mettre du sucre	....	....	....	....
Mettre du temps	....	....	....	....

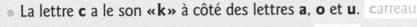

Orthographe

Les lettres c, s et g

- La lettre **c** a le son «**k**» à côté des lettres **a**, **o** et **u**. carreau
- Elle a le son «**s**» à côté des lettres **i**, **e** et **y**. cerise
- Pour obtenir le son «**s**» à côté de **a**, **o** et **u**, il faut utiliser **ç**. garçon

1 *Complète par c ou ç.*

le silen e, une balan e, un ma on, le irque, un mor eau, une oquille,

un afé, le ygne, inq, fa ile, un pin eau, une olline, un ouloir, il commen a,

un itron, un gla on, un ar, une é urie, la fa ade, dé u.

- La lettre **s** a le son «**s**» en début de mots et entre une consonne et une voyelle. soldat, consoler, veste.
- Elle a le son «**z**» entre deux voyelles. casier, causer, osier.

2 *Complète par s ou c.*

un inge, du able, une ible, entir, une pin e, ma œur, mon œur,

la einture, la alade, du iment, le ol, la surfa e, uperbe, la so iété,

le oleil, emer, du el, la patien e, les vacan es, la vengean e.

- La lettre **g** a le son «**g**» à côté des lettres **a**, **o** et **u**. gare, gorille, anguleux.
- Elle a le son «**j**» à côté de **e**, **i** et **y**. geste, angine, gymnastique.

3 *Complète par g ou ge.*

une ré ion, il allon ait, une irafe, une outte, le amin, un énéral,

le azon, la auche, arder, une irouette.

4 *Même consigne.*

un ré ime, un pi on, il diri a, a ile, une oran ade, il épon ait,

une ri ole, une amme, une vir ule, une ourde, une omme, un énie,

le villa , un gara iste, ru ir, une bou ie, il man a, un ilet,

la rou ole, un escar ot.

Grammaire

La ponctuation

> On peut utiliser la **virgule** (,) pour **séparer** les différentes parties d'une phrase.
>
> Dans cette maison, il y avait un grand salon, deux chambres et une cuisine.

1 **Recopie les phrases en mettant les majuscules, les virgules et les points.**

● va réveiller ton petit frère aide-le à faire sa toilette et dis-lui de venir déjeuner

....

....

● j'ai acheté le pain les légumes les fruits et la viande

....

● ouvre ta valise range ta serviette ton pyjama tes chemises et ta trousse de toilette

....

....

> ● On utilise le **point d'interrogation** (?) à la fin d'une **question**.
> ● Le **point d'exclamation** (!) sert à marquer la **surprise**, la **joie** ou la **colère**.
> ● On utilise **deux points** (:) pour énumérer ou donner une **explication**.
> ● Quand on veut faire parler quelqu'un dans un récit, on utilise les **deux points** et les **guillemets**. Il a dit : « On se verra demain ! »

2 **Termine par ? ou ! les phrases suivantes.**

● Pourquoi tu ne réponds pas....   ● Quelle surprenante nouvelle....

● Comme tu es élégante....   ● Quel fruit préfères-tu....

● Avez-vous lu ce livre....   ● Quel magnifique paysage....

3 **Recopie la phrase en plaçant correctement la ponctuation.**

Elle s'arrêta devant la cage observa attentivement le canari et s'écria comme tu es petit et fragile : ....

....

Conjugaison

Le passé, le présent et le futur

- Les phrases qui se rapportent à un événement qui est terminé sont au **passé**. Le village **était** tranquille. (autrefois, jadis, hier…)
- Les phrases qui se rapportent à ce qui se passe au moment où l'on parle sont au **présent**. Je **caresse** mon chat. (en ce moment, maintenant…)

- Les phrases qui se rapportent à un événement qui aura lieu plus tard sont au **futur**. Elle **rentrera** chez elle. (demain, plus tard, tout à l'heure…)

1 **Classe en trois colonnes les indicateurs de temps suivants.**

avant-hier, maintenant, l'année dernière, dans un moment, le mois dernier, en ce moment, bientôt, après-demain, actuellement.

passé	présent	futur

2 **Transforme les phrases suivant le modèle.**

Hier, il a dessiné. Maintenant, il dessine. Demain, il dessinera.

- Hier, nous avons chanté. Maintenant, ...

....

- Hier, elle a lavé. Maintenant, ...

....

- Hier, nous avons regardé. Maintenant, ...

....

- Hier, ils ont deviné. Maintenant, ...

....

3 **Indique si les phrases sont au passé (PA), au présent (PR) ou au futur (F).**

- J'écoute de la musique (......). • Le train est parti (......). • Nous avons déjeuné (......).
- La pluie tombe (......). • Tu m'attendras ici (......). • Vous partirez après le repas (......).
- C'était une belle maison (......).

Vocabulaire

Comment se servir d'un dictionnaire

- Un dictionnaire donne l'**explication** des mots en suivant l'**ordre alphabétique** de la **première lettre du mot**. Il faut donc connaître parfaitement l'ordre alphabétique des lettres.

- Lorsqu'on cherche un mot, il faut se repérer par rapport au mot qui est inscrit **en haut des pages** du dictionnaire.

1 *Classe ces séries de lettres par ordre alphabétique.*

- M C V A D : ....
- T B F E L : ....
- X M H G N : ....
- J Y O K W : ....

2 *Classe ces mots par ordre alphabétique.*

- *Observe la première lettre :* événement, opinion, remorque, nervure, cuire.

....

- *Observe la deuxième lettre :* morue, multiple, miroir, marge, méchant.

....

- *Observe la troisième lettre :* cuvette, cure, cupide, culotte, cube.

....

- Le dictionnaire propose souvent **plusieurs significations** pour le même mot en donnant des exemples.

- Quand on cherche le sens d'un mot, il faut trouver parmi les significations **proposées** quelle est celle qui **correspond le mieux** à la phrase qu'on lit.

3 *Indique en face de chaque phrase la signification précise du mot* **croûte** *: partie dorée du pain, plaque qui recouvre une plaie, tableau sans valeur.*

- La *croûte* tombera toute seule quand la blessure sera guérie. ....

....

- Ce peintre ne fait que des *croûtes*. ....

....

- Je préfère manger une baguette, la *croûte* est meilleure. ....

....

Orthographe

m devant m, b ou p ● s ou ss

Devant les lettres **m**, **b** ou **p**, on écrit **m** à la place du **n** dans les sons « **an** », « **en** », « **in** » ou « **on** ».

ampoule, emmener, imprimer, ombrelle.

1 ● ● ●

Complète par *an ou* *am.*

un p......talon, un ch......pignon, du j......bon, un m......teau, du b......bou,

ch......ter, c......per, un c......didat, d......ser, une ch......bre.

2 ● ● ●

Complète par *en ou* *em.*

......porter, ...bêter, ...rouler, ent......dre, furieusem......t, un......fant,

le v......t, f......dre, ...ménager, un......pereur.

3 ● ● ●

Complète par *in ou* *im.*

......troduire, un s......ge, un......pôt, une......pression, ...possible,

un......connu, un......dividu, un......bécile, ...parfait, un......cendie.

4 ● ● ●

Complète par *on ou* *om.*

c......prendre, c......tent, c......pter, un m......stre, un......gle, c......poser,

m......ter, f......dre, l'......bre, un p......pier.

Entre deux voyelles (**a**, **e**, **i**, **o**, **u**, **y**), **s** a le son « **z** ». magasin, raison.

Pour obtenir le son « **s** », il faut mettre **deux s**. moisson, boisson.

5 ● ● ●

Complète par *s ou* *ss.*

une cou......ine, des chau......ures, ma voi......ine, bri......er, de......ous, bro......er,

la mou......e, une ardoi......e, la coiffeu......e, un bui......on.

6 ● ● ●

Même consigne.

le vi......age, rou......e, un menui......ier, la chemi......e, la pre......e, dé......ertique,

dé......olé, de......us, dé......igner, une mai......on.

Les types de phrases

Il existe quatre types de phrases :

- Celles qui permettent de **raconter** ou de **conseiller** : elles se terminent par un **point**. Mon voisin a déménagé. Tu devrais mettre un manteau.

- Celles qui permettent d'**interroger** : elles se terminent par un **point d'interrogation**. Quand est-il rentré ?

- Celles qui permettent d'**ordonner** : elles se terminent par un **point d'exclamation** Donne-moi le marteau ! ou un **point**. Donne-moi le marteau.

 - Celles qui permettent de s'**exclamer** : elles se terminent aussi par un **point d'exclamation**. Quelle nouvelle étonnante !

1 **Indique entre parenthèses si les phrases permettent de raconter (R), d'interroger (I), d'ordonner (O) ou de s'exclamer (E).**

Qui a pris mon stylo ? (...) Je vais souvent me baigner. (...) Tais-toi et travaille ! (...) Que cette musique est belle ! (...) Quel âge as-tu ? (...)

Il avait emporté son appareil photo. (...) Quel est votre prénom ? (...)

Je m'appelle Nathalie. (...) Oh, quel joli prénom ! (...) Fermez la porte et essuyez-vous les pieds ! (...)

2 **Même consigne.**

J'ai confiance en lui. (...) Emporte tes livres ! (...) Pourquoi est-elle partie ? (...) Que ces fleurs sentent bon ! (...) Le roi était furieux. (...)

3 **Même consigne.**

Le soldat arriva sans prévenir dans le village. (...) Quelle joie ce fut un peu partout ! (...) Il y avait des années qu'il était parti. (...) Les habitants s'approchèrent de lui. (...)

« Qu'as-tu fait pendant tout ce temps ? (...)

– Hélas, j'ai fait la guerre. (...)

– As-tu été blessé ? (...)

– Une fois, mais ce fut sans gravité. (...)

– Repose-toi maintenant et mange à ta faim ! » (...)

Des femmes lui apportèrent des fruits et des boissons. (...)

Le présent des verbes en -er

Les verbes dont l'infinitif se termine en **-er** (raconter, chanter, danser) ont les terminaisons suivantes au présent : **e**, **es**, **e**, **ons**, **ez**, **ent**.

je chant**e**, tu chant**es**, il *ou* elle chant**e**,
nous chant**ons**, vous chant**ez**, ils *ou* elles chant**ent**.

1 **Complète en ajoutant le pronom personnel.** ●●●

● .... *ou* .... placent. ● .... *ou* .... berce. ● .... calculons.

● .... profites. ● .... mange. ● .... refusez. ● .... saluons.

● .... arroses. ● .... *ou* .... roulent. ● .... regardez.

2 **Complète en ajoutant la terminaison correspondante.** ●●●

● Nous ramen............ ● Ils rêv............ ● Je trouv............ ● Elle regard............

● Vous ajout............ ● Tu arriv............ ● Vous remarqu............ ● Elles recul............

● Je racont............ ● Nous camp............

3 **Indique entre parenthèses l'infinitif des verbes conjugués.** ●●●

● Nous brossons (............................) le tapis. ● Je calme (............................) cet enfant.

● La bibliothécaire me propose (............................) un livre. ● Vous appelez

(............................) les poules. ● Tu présentes (............................) ton travail.

● Les grenouilles sautent (............................) dans la mare.

4 **Complète le tableau.** ●●●

	ramasser	quitter	agiter	presser
je, j'				
tu				
il, elle				
nous				
vous				
ils, elles				

La définition d'un mot

> ● Pour expliquer un mot, il faut **préciser** quelle est sa **signification** ou donner sa définition à l'aide du dictionnaire. dégringoler = tomber
>
> ● Quand on veut expliquer un mot par un exemple, il faut bien choisir cet exemple pour qu'il aide à comprendre. Jean est tombé de l'échelle.

1 **Lis la phrase et entoure la bonne définition du mot souligné.**

● Cette plage est <u>polluée</u> par le mazout. *embellie, aménagée, salie*

● Marc a eu une <u>réplique</u> intelligente. *une chanson, une réponse, une action*

● La terre est une <u>sphère</u>. *une prairie, une région, une boule*

● Les <u>fraudeurs</u> seront punis. *les tricheurs, les payeurs, les joueurs*

2 **Même consigne.**

● Un passant a été <u>fauché</u> par une voiture. *coupé, volé (familièrement), renversé*

● Ce livre a beaucoup de fautes <u>d'impression</u>. *effet ou sensation, sentiment, imprimerie*

● Nous habitons à l'étage <u>inférieur</u>. *plus petit, dépendant, situé en dessous*

● Un <u>incident</u> regrettable a gêné la réunion. *événement, personnage, salle*

3 **Lis la définition du mot et souligne la phrase qui fait le mieux comprendre ce mot.**

● <u>ingrédients</u> : produits nécessaires pour un mélange.

J'ai posé les ingrédients sur la table.

As-tu acheté les ingrédients ?

J'ai la liste des ingrédients à mettre dans mon gâteau.

● <u>intrus</u> : qui vient sans avoir été invité.

On n'aime pas beaucoup les intrus.

Il existe des jeux où il faut découvrir l'intrus.

On l'a regardé comme un intrus, car il n'était pas prévu à l'anniversaire.

Orthographe

x ou cc • Les accents

> Le son **« ks »** peut s'écrire de deux façons différentes :
> - avec un **x**. axe
> - avec **deux c**. accepter

1 ***Complète par* x *ou* cc.**   ● ● ●

a.....entuer, un a.....essoire, le lu.....e, a.....élérer, un a.....ent, un a.....ès, un a.....ident,

un te.....te, e.....pliquer, la bo.....e.

2 ***Même consigne.***   ● ● ●

a.....epter, e.....pédier, une e.....position, un a.....élérateur, a.....essible, un préte.....te,

une e.....plosion, e.....traordinaire, e.....primer, e.....quis.

> La lettre **e** se prononce différemment en fonction des accents que l'on utilise.
> - **L'accent aigu (é)** permet de prononcer le **é** comme dans : féminin .
> - **L'accent grave (è)** permet de prononcer le **è** comme dans : mère .
> - **L'accent circonflexe (ê)** permet d'obtenir le même son, comme dans : tête .
> - Parfois, ce son s'obtient lorsque le **e** est suivi d'une **consonne double** comme dans : belle .

3 ***Complète par* é *ou* è.**   ● ● ●

une.....caille, ...carter, ...chapper, le p.....re, un.....l.....ve, un probl.....me, la dict.....e,

une r.....ponse, une f.....ve, la fi.....vre.

4 ***Complète par* è *ou* ê.**   ● ● ●

la fen.....tre, une sorci.....re, un v.....tement, une ch.....vre, un pi.....ge, la derni.....re,

la for.....t, une plan.....te, une b.....te, fid.....le.

5 ***Complète par* è *ou* e.**   ● ● ●

une p.....lle, une pi.....ce, une rond.....lle, d.....rri.....re, des lun.....ttes, s.....che, le z.....bre,

une mou.....tte, les sem.....lles, le quatri.....me, inc.....ssant, une s.....lle, la si.....ste,

un si.....cle, un si.....ge, la s.....ve, un v.....rre, une v.....ste.

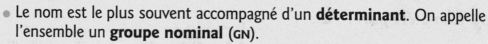

Le nom • Le groupe nominal noms communs, noms propres

- Le nom sert à désigner une personne, un animal, une chose.
  garçon, chat, table.

- Le nom est le plus souvent accompagné d'un **déterminant**. On appelle l'ensemble un **groupe nominal** (GN).
  la maison, une règle, mon cahier.

1 **Souligne les noms de cette liste de mots.**

courir, enfant, canard, finir, stylo, boire, gomme, girafe, colle, armoire, entendre, fauteuil, rougir, cendrier, fleur, maison, voir, poule, mouton.

2 **Souligne les groupes nominaux des phrases.**

<u>Mon cartable</u> est posé sur <u>la table</u>.

- Notre maison est située près de ce village. • La maîtresse demande d'ouvrir les livres. • La princesse habite dans un château. • La neige tombe sur le sol. • Les oiseaux quittent la région.

3 **Forme des groupes nominaux. (Attention aux accords !)**

classe → ma classe *ou* la classe *ou* une classe

- pluie : ....
- animal : ....
- mur : ....
- mouches : ....
- ballons : ....

- Les noms de famille, les prénoms, les noms de villes, de pays… sont des **noms propres**. Ils s'écrivent toujours avec une **majuscule**.
  Mme Duval, Alice, Paris, la France…

- Les autres noms sont des **noms communs**. enfant, chaise, chien…

4 **Classe les noms en 2 colonnes et ajoute les majuscules des noms propres.**

carnet, alex, nicole, espagne, dictionnaire, italie, mélanie, bras, œil, europe, lit, mur.

noms propres		noms communs	
....	....	....	....
....	....	....	....
....	....	....	....

Le présent des verbes avoir et être

- Observe comment le verbe **avoir** se conjugue au présent :
  j'**ai**, tu **as**, il *ou* elle **a**, nous **avons**, vous **avez**, ils *ou* elles **ont**.

- Rappelle-toi l'usage des pronoms personnels :
  un moineau = **il** ; les fleurs = **elles** ;
  Nathalie (quelqu'un) et moi = **nous** ; Pierre (quelqu'un) et toi = **vous**

1 Complète en ajoutant le pronom personnel qui manque. ●●●

- .... *ou* .... a la solution. ● .... avons une belle classe. ● .... as du temps.
- .... avez le choix. ● .... *ou* .... ont faim. ● .... ai froid.

2 Complète les phrases avec le verbe *avoir* au présent. ●●●

- Ce monsieur .... un très beau chapeau. ● Tu .... de la chance.
- Vincent et toi .... mal aux pieds. ● Les oiseaux .... des plumes.
- J'............. peur qu'il ne vienne pas. ● Norbert et moi .... un chien.

- Observe comment le verbe **être** se conjugue au présent :
  je **suis**, tu **es**, il *ou* elle **est**, nous **sommes,** vous **êtes**, ils *ou* elles **sont**.

3 Complète en ajoutant le pronom personnel qui manque. ●●●

- .... êtes en retard. ● .... es le seul à connaître mon secret.
- .... *ou* .... sont de mon avis. ● .... sommes contents de te voir.
- .... *ou* .... est en avance. ● .... suis fatiguée.

4 Complète les phrases avec le verbe *être* au présent. ●●●

- Le ciel .... bleu. ● Mon voisin et moi .... amis.
- Je .... dans ma chambre. ● François et toi .... à l'atelier de théâtre.
- Les bouteilles .... en plastique. ● Tu .... dans l'escalier.

5 Conjugue au présent : *être dans la cour*. ●●●

Les synonymes

> Les synonymes sont des mots ou expressions de **sens voisins**.
> difficile = compliqué

1 **Écris après chaque mot le synonyme correspondant :**
un travail, un cercle, les environs, une escorte, une erreur.

- un rond : ....
- une garde : ....
- un emploi : ....
- une faute : ....
- les alentours : ....

2 **Même consigne avec :**
content, épouvantable, épuisant, habile, identique.

- harassant : ....
- joyeux : ....
- adroit : ....
- horrible : ....
- semblable : ....

3 **Même consigne avec :**
enseigner, éparpiller, guetter, escalader, se grouper.

- disperser : ....
- surveiller : ....
- se rassembler : ....
- grimper : ....
- apprendre : ....

4 **Même consigne avec :**
gaspiller, agacer, être face à face, se transformer.

- faire peau neuve : ....
- jeter l'argent par les fenêtres : ....
- taper sur les nerfs : ....
- se trouver nez à nez : ....

5 **Trouve un synonyme pour chaque mot souligné.**

- Les <u>images</u> de ce livre sont très belles. ....
- Je lui <u>indique</u> le chemin. ....
- Le jardinier utilise un <u>instrument</u>. ....
- Il est <u>interdit</u> de fumer. ....

Orthographe

on - ont ● et - est ● a - à

Il ne faut pas confondre **on** (pronom personnel que l'on peut remplacer par *il* ou *elle*) avec **ont** (verbe *avoir*).

On regarde le match. Les enfants **ont** leurs ardoises.
(il ou elle)   *(avoir)*

1 **Complète par** on **ou** ont.

● .... a adopté un petit chien. ● Les perroquets .... de belles couleurs.

● .... part en vacances mercredi prochain. ● .... t'enverra des cartes postales.

● .... a ouvert la cage du canari. ● Les pêcheurs .... capturé une baleine.

● Doit-.......... apprendre cette poésie ? ● .... s'endort de bonne heure.

● Ces montagnes .... des sommets élevés. ● .... a bien joué.

Il ne faut pas confondre **et** (*et puis*) avec **est** (verbe *être*).

Ce film **est** long **et** ennuyeux.
(être)   *(et puis)*

2 **Complète par** et **ou** est.

● Ce lapin .... tout blanc. ● J'ai ramassé des feuilles sèches .... des champignons.

● Le vent .... frais. ● Il a plu, ... ensuite il a fait beau. ● Veux-tu une glace

à la pistache .... à la vanille ? ● Olivia .... prête. ● Les touristes ont visité

la tour Eiffel .... l'Arc de triomphe. ● Cette phrase .... courte.

● Où .... ton cahier ? ● Il se lève .... fait sa toilette.

Il ne faut pas confondre **à** (petit mot **invariable**) avec **a** (verbe *avoir*).

Je vais **à** l'école. Il **a** de la chance (il **avait**, ils **ont**).
(avoir)

3 **Complète par** a **ou** à.

● Jules se lève ..... sept heures, ensuite, quand il est prêt, il va ..... l'école. ● Le tigre .....

des rayures. ● Mon porte-clés est ..... ma ceinture. ● Mon oncle ..... des cadeaux pour moi.

● On frappe ..... la porte : c'est le facteur qui ..... une lettre. ● Nous ferons une grande

fête ..... Noël et une autre ..... Pâques. ● La chèvre ..... une barbichette.

L'adjectif qualificatif

Pour compléter le groupe nominal (voir page 18), on peut ajouter un **adjectif qualificatif** qui donne des précisions, des renseignements.

des yeux **bleus**, des cheveux **bruns**.

1 **Souligne les adjectifs qualificatifs des groupes nominaux suivants.**

- un joli renard
- un mouton frisé
- une bonne nouvelle
- une petite maison
- une ancienne amie

- une chanson triste
- une poule blanche
- un enfant sage
- un radiateur électrique
- une vaisselle sale

- un jour sombre
- une superbe robe
- un pauvre pêcheur
- une musique douce
- une forte tempête

2 **Souligne les adjectifs utilisés dans ce texte.**

La fillette laissa couler des larmes sur ses joues roses. Elle sentit alors une langue râpeuse et des pattes douces qui les lui essuyaient. Elle vit un mignon petit écureuil dont le pelage brillait au soleil.

3 **Complète chaque groupe nominal par deux adjectifs.**

un <u>élégant</u> manteau <u>gris</u>

- un............................ renard ....
- une............................ maison ....
- un............................ bruit ....
- une............................ robe ....
- des............................ vacances ....

4 **Trouve un nom que chaque adjectif peut compléter.**

- un............................ avare
- un............................ puissant
- un............................ sauvage
- un............................ nouveau

- une............................ aveuglante
- des............................ mystérieuses
- une............................ dangereuse
- des............................ faciles

5 **Complète ce texte en ajoutant des adjectifs qualificatifs.**

Un oiseau............................ ouvrit ses............................ ailes et son bec .... Il s'envola en poussant un cri............ et en faisant un bruit ....

Conjugaison

Le présent des autres verbes

Voici la conjugaison au présent de certains verbes à l'infinitif en **-ir**.

je bond**is**, tu bond**is**, il *ou* elle bond**it**,
nous bond**issons**, vous bond**issez**, ils *ou* elles bond**issent**.

1 **Souligne les verbes en** *-ir* **qui se conjuguent comme** *bondir* **ou** *finir*. ● ● ●

rougir, courir, fleurir, avertir, tenir, pétrir, brunir, venir, sortir, obéir.

2 **Complète les terminaisons des verbes au présent.** ● ● ●

● Je fin.......... mon travail. ● Vous rempl................. la carafe.

● Elle applaud................ les clowns. ● Tu démol.......... la cabane.

● Ils avert................ les automobilistes. ● Nous chois................. un tableau.

Observe maintenant comment se conjuguent ces verbes au présent :

● **tenir**	je **tiens**, tu **tiens**, il *ou* elle **tient**, nous **tenons**, vous **tenez**, ils *ou* elles **tiennent**.
● **aller**	je **vais**, tu **vas**, il *ou* elle **va**, nous **allons**, vous **allez**, ils *ou* elles **vont**.
● **faire**	je **fais**, tu **fais**, il *ou* elle **fait**, nous **faisons**, vous **faites**, ils *ou* elles **font**.
● **prendre**	je **prends**, tu **prends**, il *ou* elle **prend**, nous **prenons**, vous **prenez**, ils *ou* elles **prennent**.

---

3 **Conjugue le verbe** *tenir* **au présent.** ● ● ●

● Vous................ le bouquet. ● Je................ mon sac. ● Ils................ leurs livres.

● Le clou................ bien. ● Nous................ à aller à la fête. ● Tu lui................ la porte.

4 **Conjugue le verbe** *aller* **au présent.** ● ● ●

● Il................ chez sa mère. ● Ils................ à la pêche. ● Tu................ à la piscine.

● Vous................ faire les courses. ● Je................ au cinéma. ● Ils................ bien.

5 **Conjugue le verbe** *faire* **au présent.** ● ● ●

● Tu.......... un gâteau. ● Nous................ notre travail. ● Ils................ des jeux.

● Je.......... un exercice. ● Elle.......... un collier. ● Vous................ les clowns.

6 **Conjugue le verbe** *prendre* **au présent.** ● ● ●

● Nous................ le train. ● Elles................ l'air. ● Je................ un fruit.

● Tu................ le car. ● Vous................ un livre. ● Il................ ses baskets.

Les mots de sens contraire

> On appelle **contraires** des mots qui ont des sens **opposés**.
> gentil / méchant ; apparaître / disparaître

1 **Écris après chaque nom le contraire correspondant :**
la vieillesse, un ennemi, la pauvreté, la guerre, le mal.

- la richesse / ....
- un ami / ....
- le bien / ....
- la jeunesse / ....
- la paix / ....

2 **Même consigne avec les adjectifs :**
absent, triste, fatigant, ancien, coupable.

- reposant / ....
- nouveau / ....
- innocent / ....
- joyeux / ....
- présent / ....

3 **Même consigne avec les verbes :**
décrocher, vendre, refuser, descendre, soustraire.

- accepter / ....
- accrocher / ....
- acheter / ....
- ajouter / ....
- monter / ....

4 **Trouve les contraires.**

- en bas / ....
- dedans / ....
- près de / ....
- beaucoup / ....
- toujours / ....

5 **Dis le contraire des phrases en changeant le mot souligné.**

- On observe une <u>augmentation</u> de la circulation.

....

- Les ouvriers <u>construisent</u> une maison.

....

- Nous avons assisté au <u>lever</u> du soleil.

....

son – sont • mes – mais

> Il ne faut pas confondre **son** (le *sien*) et **sont** (verbe **être** au présent).
>
> Mathieu et **son** camarade **sont** à la campagne.
> (le sien)   (verbe être)

1 **Complète les groupes nominaux par** *son* **ou** *sa*.

○ .... livre ● .... pièce ● .... chat ● .... crayon ● .... déjeuner

○ .... mère ● .... père ● .... dictionnaire ● .... jeu ● .... viande

○ .... ville ● .... village ● .... fromage ● .... table ● .... serviette

2 **Complète par** *son* **ou** *sont*.

● Maman prépare .... repas. ● Mes amis .... assis sur le canapé.

● Le chat lisse .... pelage. ● Il a vu .... voisin. ● Les matchs .... terminés.

● Ces pièces .... grandes. ● .... poème est réussi. ● Elle cherche .... sac.

● Les verres .... sur le buffet. ● Le chauffeur conduit .... camion.

> Il ne faut pas confondre **mes** (les *miens*, que je peux remplacer
> par **ma** ou **mon** au singulier) et **mais** (qui marque une **opposition**).
>
> J'ai emporté **mes** disques. Il a un jeu, **mais** il ne le prête pas.
> (les miens)

3 **Complète par** *mes* **ou** *mais*.

○ .... dents sont blanches, ... elles se chevauchent. ● Je suis allé voir ....

amis, ... ils n'étaient pas là. ● Veux-tu .... billes ? ● .... jouets sont rangés

dans le placard, ... ils sont cassés. ● Je lui ai parlé de .... aventures, ...

il ne m'a pas cru. ● .... où est donc le chat ?

4 **Même consigne.**

○ J'ai vu .... cousins, ... ils ne m'ont rien dit. ● Où sont .... photos ?

○ Il regarde, ... il ne voit rien. ● Elle parle français, ... on la comprend mal.

○ J'ai aimé .... voyages, ... je n'en fais plus. ● Prends .... crayons, ...

ne les abîme pas. ● Je passerai te chercher, ... sois à l'heure !

Grammaire

Le singulier et le pluriel

- Quand on parle d'**une seule** chose, le mot est au **singulier**.

  un outil, mon courage, la fleur

- Quand on parle de **plusieurs** choses, le mot est au **pluriel**.

  des chaînes, mes chapeaux, ces chansons

 1 **Classe en deux colonnes les groupes nominaux suivants.**

une mouche, mes chaussures, tes livres, une voiture, les trains, la France, les Pays-Bas, un escalier, nos vêtements, leurs cousins, un cahier, ton cadeau.

singulier		pluriel	

2 **Complète par un groupe nominal au pluriel.**

- Tu entends .... • Nous prenons ....
- Vous mangez .... • Le mécanicien répare ....
- Bérénice aime .... • .... attendent le car. • .... poussent au printemps. • .... chassent leurs proies. • .... plongent dans l'eau.

L'adjectif qualificatif s'accorde toujours avec le nom auquel il se rapporte.

une prune verte
(sing.) (sing.)

des carottes crues
(plur.) (plur.)

 3 **Complète si nécessaire l'accord des adjectifs avec les noms.**

- des petit.... lapins
- un fauteuil confortable...
- des animaux intelligent...
- une bande dessinée....
- un terrible.... bec
- des poils blanc...
- des armes dangereuse...
- l'expression écrite....
- des yeux verts...
- une ligne droite...
- des scènes amusante...
- des pas rapide...

Conjugaison

Les participes passés

> • **Parlé**, **parti**, **entendu**, **mis**, **ouvert** sont des participes passés.
>
> il a **parlé**, il est **parti**, elle a **entendu**, elle a **mis**, elle a **ouvert**
>
>
>
> • On trouve le participe passé d'un verbe en utilisant **il (elle) a** ou **il (elle) est**. il a **enlevé**, elle est **venue**

1 *Écris le participe passé des verbes indiqués à l'infinitif.*   ● ● ●
bercer → (il a) bercé ; arriver → (il est) arrivé

● calculer : ....   ● placer : ....   ● poser : ....

● presser : ....   ● reculer : ....   ● laver : ....

● quitter : ....   ● rêver : ....   ● trouver : ....

● raconter : ....   ● ajouter : ....   ● exister : ....

2 *Même consigne.*   ● ● ●
finir → (il a) fini

● guérir : ....   ● salir : ....   ● saisir : ....

● avertir : ....   ● grandir : ....   ● maigrir : ....

● rougir : ....   ● applaudir : ....   ● nourrir : ....

● réussir : ....   ● franchir : ....   ● fleurir : ....

> Pour savoir quelle est, au singulier, la dernière lettre du participe passé de certains verbes, on peut employer **elle est**.
>
> pris : (elle est) pri**s**e ; ouvert : (elle est) ouver**t**e

3 *Écris le participe passé des verbes indiqués à l'infinitif.*   ● ● ●
conduire → (elle est) conduit(e)

● produire : ....   ● construire : ....   ● mettre : ....

● promettre : ....   ● apprendre : ....   ● écrire : ....

● comprendre : ....   ● faire : ....   ● dire : ....

● soustraire : ....   ● peindre : ....   ● satisfaire : ....

● instruire : ....   ● détruire : ....   ● distraire : ....

● craindre : ....   ● surprendre : ....   ● conduire : ....

Vocabulaire

Les homonymes

> Les **homonymes** sont des mots qui **se prononcent de la même façon**, qui peuvent s'écrire **de façon identique** ou **différente**, mais qui **ont des sens distincts**.
>
> un sapin **vert**, un **verre** d'eau, un **ver** de terre

1 **Complète les phrases avec les homonymes.**

● *pain, pin*

Cet arbre est un .... Veux-tu un morceau de .... avec ton chocolat ?

● *court, cour*

Les enfants jouent dans la .... Ce vêtement est trop ....

● *chêne, chaîne*

Les glands sont les fruits du .... La .... de ma bicyclette a sauté.

● *faim, fin*

Je mangerai tout à l'heure, car je n'ai pas très .... J'ai vu la .... du film.

2 **Même consigne.**

● *foie, fois*

Marie a eu une crise de .... Il était une .... un roi très méchant.

● *mois, moi*

Ce n'est pas .... qui ai cassé le carreau. Nous partirons au .... de juillet.

3 **Qui suis-je ? Trouve les homonymes qui s'écrivent de la même façon.**

● Je suis une sorte de bisou. Je suis un vent glacé. Je suis la ....

● Je suis un synonyme de « comprimé ». On me voit sur le timbre d'une lettre.

Je suis le ....

● Je sers à faire cuire des gâteaux. Je suis un coquillage.

Je suis le ou la ....

● Je suis un synonyme de « milieu ». Je suis un lieu commercial quand je regroupe

plusieurs magasins. Je suis le ....

Orthographe

ce, cet, cette, ces ● ce = se

>
>
> ● **Ce**, **cet**, **cette** et **ces** sont des **déterminants** qui font partie du groupe nominal. Ils servent à montrer, à désigner.
>
> ● Ces déterminants **s'accordent toujours avec le nom qui suit**.
>
> ce lapin, **cet** enfant, **cette** fleur, **ces** cahiers.

1 **Remplace** un, une et des **par** ce, cet, cette **et** ces. ● ● ●

un chou, ce chou / un œuf, cet œuf / une bille, cette bille / des chats, ces chats

- une table, ...
- un éléphant, ...
- des pommes, ...
- un stylo, ...

- un car, ...
- une boîte, ...
- une image, ...
- des arbres, ...

2 **Remplace** ce, cet, cette, ces **par** un, une **ou** des. ● ● ●

- ce balcon, ...
- cet enfant, ...
- cette aventure, ...
- cette souris, ...

- cette soupe, ...
- ces lions, ...
- ce dessin, ...
- ces voitures, ...

3 **Complète par** ce, cet, cette **ou** ces. ● ● ●

● .... froid ● .... fenêtre ● .... poissons ● .... ami ● .... brosses
● .... mousse ● .... chant ● .... arrêt ● .... efforts ● .... fusées.

> **Attention !** Il faut bien faire la différence entre **ce** (déterminant) et **se** (qui accompagne un **verbe** : **se laver**, **se presser**…).

4 **Complète par** ce **ou** se. ● ● ●

● J'aime .... tableau. ● Mon chat aime .... cacher. ● Les champignons .... ramassent en automne. ● .... serveur .... présente bien. ● Il est rusé .... renard.
● .... vase .... remarque tout de suite. ● Mon frère .... lève de bonne heure.
● Nous aimons .... paysage.

Le masculin et le féminin

- Les noms devant lesquels on peut mettre **le** ou **un** sont **masculins**.
  le cirque, un cirque
- Les noms devant lesquels on peut mettre **la** ou **une** sont **féminins**.
  la fée, une fée
- Le déterminant **l'** peut être placé devant un nom **masculin** ou **féminin**.
  l'ourson (masculin), l'équipe (féminin)

1 *Classe en deux colonnes les noms suivants.* un papillon, un oiseau, une pie, la grange, cette poire, ce pays, ce tiroir, son col, sa rose, la gare, le signal, son étoile.

masculin		féminin	

2 *Même consigne.* l'ours, l'otarie, l'abeille, l'orage, l'oreille, l'orange, l'abonnement, l'accent, l'étiquette, l'acteur, l'achat, l'olive.

masculin		féminin	

L'adjectif qualificatif s'accorde toujours avec le nom auquel il se rapporte. un gâteau entier, une tarte entière

3 *Corrige si nécessaire les adjectifs mal accordés.*

- un chapeau noire, ...
- une pomme mûr, ...
- des cheveux brunes, ...
- un voyage agréable, ...
- un long nez, ...

- un beau cadeau, ...
- un manteau usée, ...
- une robe rose, ...
- un roi riches, ...
- une branche cassé, ...

Conjugaison

Le passé composé (1)

Le passé composé est formé de l'auxiliaire **avoir** ou de l'auxiliaire **être** **au présent** et du **participe passé**.

> j'**ai sauté**, tu **as sauté**, il *ou* elle **a sauté**,
> nous **avons sauté**, vous **avez sauté**, ils *ou* elles ont **sauté**.

 1 **Transforme ces phrases en suivant le modèle.**
Je préfère cette chanson. → J'ai préféré cette chanson.

● Je raconte une histoire. → ....

● Tu trouves une bille. → ....

● Il mange de l'ananas. → ....

● Nous ramassons des noisettes. → ....

● Vous regardez un film. → ....

● Elles posent une question. → ....

Le **participe passé** employé avec l'auxiliaire ***être*** **s'accorde avec le sujet.**

> je suis part**i(e)**, tu es part**i(e)**, il *ou* elle est part**i(e)**,
> nous sommes part**i(e)s**, vous êtes part**i(e)s**, ils *ou* elles sont part**i(e)s**.

 2 *Écris le verbe* entrer *au passé composé.*

● Moi, Nicolas, je .... dans le magasin. ● Toi, Carine,

tu .... chez l'épicier. ● Geoffroy ....

dans le cercle. ● Christian et mon père .... dans le salon.

● Juliette et Élisabeth .... dans la cuisine.

● Mes cousins .... dans la maison.

3 *Écris les verbes entre parenthèses au féminin du passé composé.*

● Je (**aller**) .... au marché. ● Tu (**venir**) ....

toute seule. ● Elle (**descendre**) .... de l'échelle. ● Nous (**arriver**)

.... à l'heure. ● Vous (**venir**) .... avec

vos parents. ● Elles (**partir**) .... en vacances.

Les préfixes

> On peut obtenir de nouveaux mots à partir d'un mot en lui ajoutant, au **début**, un **préfixe**.
>
> former : **dé**/former, **re**/former, **trans**/former.

1 **Recopie ces mots en séparant d'un trait le préfixe du reste du mot.**

- détacher : ....
- déconseiller : ....
- inactif : ....
- malheureux : ....
- disparaître : ....

- relaver : ....
- irrespirable : ....
- transpercer : ....
- impoli : ....
- dérouler : ....

2 **Trouve des mots nouveaux en ajoutant le préfixe** re-.

- faire : ....
- porter : ....
- dire : ....
- lire : ....

- prendre : ....
- fleurir : ....
- lancer : ....
- coudre : ....

- poser : ....
- plier : ....
- chausser : ....
- couvrir : ....

3 **Dis le contraire en utilisant l'un de ces préfixes :** dé-, mal-, ir-, in-.

- régulier : ....
- attendu : ....
- adroit : ....
- visible : ....
- remplaçable : ....
- geler : ....
- acceptable : ....

- honnête : ....
- bloquer : ....
- ranger : ....
- réel : ....
- réparable : ....
- certain : ....
- chanceux : ....

4 **Complète le tableau en ajoutant des préfixes.**

verbes	re- = de nouveau	dé- = contraire
boucher	....	....
coiffer	....	....
coller	....	....
placer	....	....

À la fin de chaque page, tu peux noter le nombre d'exercices que tu as très bien (●), moyennement (●) ou pas réussis (●).

Unité (1)

Vocabulaire (p. 4)

1 somme à ajouter au prix du repas ● aide ● temps passé à l'armée ● vaisselle ou serviettes

2 cuit ● solide ● difficile ● insensible

3 glace

4 table ● bras ● carte ● quartier

Orthographe (p. 5)

1 matin, invité, écrivain, teinte, parrain, peinture, requin, soudain, chien, Indien, juin, grain, poussin, jardin, moulin, refrain, bambin, vilain, chagrin, cousin.

2 entourer, comment, pélican, gagnant, dimanche, volcan, océan, descendre, menton, maman, enlever, cadran, silence, dentifrice, enfant, légende, demander, lavande, branche, absence.

3 thon, son, fond, chaton, rond, mouton, glouton, crayon, chardon, plafond, bidon, dindon, profond, mensonge, bouchon, réveillon, vagabond, torchon, guidon, montre.

4 orteil, travail, merveille, éventail, rail, soleil, abeille, bouteille, fauteuil, paille, appareil, sommeil, oreille, bataille, médaille, conseil, écaille, corbeille, feuille, gouvernail.

Grammaire (p. 6)

1 *Souligner :* Ce petit village est très accueillant. ● Une voiture passe en faisant beaucoup de bruit. ● Gildas est souvent malade.

2 Le poisson rouge nage dans son bocal. ● La cloche vient de sonner. ● Minet est un mignon petit chat. ● Marianne lit un livre passionnant.

3 *Par exemple :* Il était une fois un pauvre bûcheron qui habitait une misérable cabane. ● Le marin monte dans son bateau pour aller pêcher en mer. ● Aujourd'hui, il fait très beau car le soleil brille dans le ciel. ● Les ouvriers repeignent la façade du bâtiment.

4 *Par ex. :* Le chat mange des croquettes. ● Cet été, les enfants jouent nombreux sur la plage. ● Ce matin, Christophe déjeune de bonne heure. ● Demain, nous allons prendre le train. ● Il ramasse des coquillages au bord de la mer.

Conjugaison (p. 7)

1 *Souligner :* pond ● conduit ● sème ● emporte ● avancent ● sifflons ● lit ● comptent ● demandent ● lavez

2 Éric va attendre son père. L'enfant va finir son travail. Il va boire de l'eau fraîche. La grenouille va sauter dans l'eau.

3 gagner ● gonfler ● inviter ● inventer ● peindre

4 *Infinitifs en -er :* manger, arriver ● *en -ir :* rougir, refroidir ● *autre :* attendre

Unité (2)

Vocabulaire (p. 8)

1 un peu froid, pas abîmés ● lieu, apparence ● grosse vague, partie d'un couteau ● suite de mots, outil pour pêcher.

2 partie métallique du parapluie ● gros mammifère marin ● projectile ● objet rond en caoutchouc

3 Mettre ses chaussettes : enfiler ● Se mettre en colère : s'énerver ● Mettre du sucre : ajouter ● Mettre du temps : passer.

Orthographe (p. 9)

1 silence, balance, maçon, cirque, morceau, coquille, café, cygne, cinq, facile, pinceau, colline, couloir, commença, citron, glaçon, car, écurie, façade, déçu.

2 singe, sable, cible, sentir, pince, sœur, cœur, ceinture, salade, ciment, sol, surface, superbe, société, soleil, semer, sel, patience, vacances, vengeance.

3 région, allongeait, girafe, goutte, gamin, général, gazon, gauche, garder, girouette.

4 régime, pigeon, dirigea, agile, orangeade, épongeait, rigole, gamme, virgule, gourde, gomme, génie, village, garagiste, rugir, bougie, mangea, gilet, rougeole, escargot.

Grammaire (p. 10)

1 Va réveiller ton petit frère, aide-le à faire sa toilette et dis-lui de venir déjeuner. J'ai acheté le pain, les légumes, les fruits et la viande. Ouvre ta valise, range ta serviette, ton pyjama, tes chemises et ta trousse de toilette.

2 Pourquoi tu ne réponds pas ? Quelle surprenante nouvelle ! Comme tu es élégante ! Quel fruit préfères-tu ? Avez-vous lu ce livre ? Quel magnifique paysage !

3 Elle s'arrêta devant la cage, observa attentivement le canari et s'écria : « Comme tu es petit et fragile ! »

Conjugaison (p. 11)

1 *Passé :* avant-hier, l'année dernière, le mois dernier. *Présent :* maintenant, en ce moment, actuellement. *Futur :* dans un moment, bientôt, après-demain.

2 Maintenant, nous chantons. Demain, nous chanterons. ● Maintenant, elle lave. Demain, elle lavera. ● Maintenant, nous regardons. Demain, nous regarderons. ● Maintenant, ils devinent. Demain, ils devineront.

3 J'écoute (présent) • est parti (passé)
• nous avons déjeuné (passé) • tombe (présent)
• m'attendras (futur) • partirez (futur) • c'était (passé)

Unité 3

Vocabulaire (p. 12)

1 ACDMV • BEFLT • GHMNX • JKOWY

2 cuire, événement, nervure, opinion, remorque
• marge, méchant, miroir, morue, multiple
• cube, culotte, cupide, cure, cuvette

3 plaque qui recouvre une plaie • tableau sans valeur
• partie dorée du pain

Orthographe (p. 13)

1 pantalon, champignon, jambon, manteau, bambou, chanter, camper, candidat, danser, chambre.

2 emporter, embêter, enrouler, entendre, furieusement, enfant, vent, fendre, emménager, empereur.

3 introduire, singe, impôt, impression, impossible, inconnu, individu, imbécile, imparfait, incendie.

4 comprendre, content, compter, monstre, ongle, composer, monter, fondre, l'ombre, pompier.

5 cousine, chaussures, voisine, briser, dessous, brosser, mousse, ardoise, coiffeuse, buisson.

6 visage, rousse, menuisier, chemise, presse, désertique, désolé, dessus, désigner, maison.

Grammaire (p. 14)

1 Qui a pris mon stylo ? (I) Je vais souvent me baigner. (R) Tais-toi et travaille ! (O) Que cette musique est belle ! (E) Quel âge as-tu ? (I) Il avait emporté son appareil photo. (R) Quel est votre prénom ? (I) Je m'appelle Nathalie. (R) Oh, quel joli prénom ! (E) Fermez la porte et essuyez-vous les pieds ! (O)

2 J'ai confiance en lui. (R) Emporte tes livres ! (O) Pourquoi est-elle partie ? (I) Que ces fleurs sentent bon ! (E) Le roi était furieux. (R)

3 Le soldat arriva sans prévenir dans le village. (R) Quelle joie ce fut un peu partout ! (E) Il y avait des années qu'il était parti. (R) Les habitants s'approchèrent de lui. (R) « Qu'as-tu fait pendant tout ce temps ? (I) Hélas, j'ai fait la guerre. (R) As-tu été blessé ? (I) Une fois, mais ce fut sans gravité. (R) Repose-toi maintenant et mange à ta faim ! » (O) Des femmes lui apportèrent des fruits et des boissons. (R)

Conjugaison (p. 15)

1 Ils/Elles placent • Il/Elle / Je berce • Nous calculons • Tu profites • Il/Elle ou Je mange • Vous refusez • Nous saluons • Tu arroses • Ils/Elles roulent • Vous regardez

2 Nous ramenons • Ils rêvent • Je trouve • Elle regarde • Vous ajoutez • Tu arrives • Vous remarquez • Elles reculent • Je raconte • Nous campons

3 brosser • calmer • proposer • appeler • présenter • sauter

4 je ramasse, tu ramasses, il/elle ramasse, nous ramassons, vous ramassez, ils/elles ramassent • je quitte, tu quittes, il/elle quitte, nous quittons, vous quittez, ils/elles quittent • j'agite, tu agites, il/elle agite, nous agitons, vous agitez, ils/elles agitent • je presse, tu presses, il/elle presse, nous pressons, vous pressez, ils/elles pressent.

Unité 4

Vocabulaire (p. 16)

1 salie • réponse • boule • tricheurs

2 renversé • imprimerie • situé en dessous • événement

3 *Souligner :* J'ai la liste des ingrédients à mettre dans mon gâteau. On l'a regardé comme un intrus, car il n'était pas prévu à l'anniversaire.

Orthographe (p. 17)

1 accentuer, accessoire, luxe, accélérer, accent, accès, accident, texte, expliquer, boxe.

2 accepter, expédier, exposition, accélérateur, accessible, prétexte, explosion, extraordinaire, exprimer, exquis.

3 écaille, écarter, échapper, père, élève, problème, dictée, réponse, fève, fièvre.

4 fenêtre, sorcière, vêtement, chèvre, piège, dernière, forêt, planète, bête, fidèle.

5 pelle, pièce, rondelle, derrière, lunettes, sèche, zèbre, mouette, semelles, quatrième, incessant, selle, sieste, siècle, siège, sève, verre, veste.

Grammaire (p. 18)

1 *Souligner :* enfant, canard, stylo, gomme, girafe, colle, armoire, fauteuil, cendrier, fleur, maison, poule, mouton.

2 *Souligner :* Notre maison, ce village. • La maîtresse, les livres. • La princesse, un château. • La neige, le sol. • Les oiseaux, la région.

3 *Par ex. :* la pluie • un animal • le mur • les mouches • des ballons

4 *Noms propres :* Alex, Nicole, Espagne, Italie, Mélanie, Europe.
Noms communs : carnet, dictionnaire, bras, œil, lit, mur.

Conjugaison (p. 19)

1 Il/Elle a la solution. Nous avons une belle classe. Tu as du temps. Vous avez le choix. Ils/Elles ont faim. J'ai froid.

2 Ce monsieur a un très beau chapeau. Tu as de la chance. Vincent et toi avez mal aux pieds. Les oiseaux ont des plumes. J'ai peur qu'il ne vienne pas. Norbert et moi avons un chien.

3 Vous êtes en retard. Tu es le seul à connaître mon secret. Ils/Elles sont de mon avis. Nous sommes contents de te voir. Il/Elle est en avance. Je suis fatiguée.

4 Le ciel est bleu. Mon voisin et moi sommes amis. Je suis dans ma chambre. François et toi êtes à l'atelier de théâtre. Les bouteilles sont en plastique. Tu es dans l'escalier.

5 Je suis dans la cour, tu es dans la cour, il/elle est dans la cour, nous sommes dans la cour, vous êtes dans la cour, ils/elles sont dans la cour.

Unité (5)

Vocabulaire (p. 20)

1 rond/cercle • garde/escorte • emploi/travail • faute/erreur • alentours/environs

2 harassant/épuisant • joyeux/content • adroit/habile • horrible/épouvantable • semblable/identique

3 disperser/éparpiller • surveiller/guetter • se rassembler/se grouper • grimper/escalader • apprendre/enseigner

4 faire peau neuve/se transformer • jeter l'argent par les fenêtres/ gaspiller • taper sur les nerfs/agacer • se trouver nez à nez/ être face à face

5 *Par ex.* : images – illustrations, gravures, dessins, photos... • indique – montre, désigne, explique... • instrument – outil, ustensile. • interdit – défendu.

Orthographe (p. 21)

1 On a adopté • Les perroquets ont • On part • On t'enverra • On a ouvert • Les pêcheurs ont capturé • Doit-on • On s'endort • Ces montagnes ont • On a bien joué.

2 Ce lapin est • des feuilles sèches et des champignons • Le vent est frais • Il a plu, et ensuite • à la pistache et à la vanille • Olivia est prête • la tour Eiffel et l'Arc de triomphe • Cette phrase est courte • Où est ton cahier ? • Il se lève et fait sa toilette.

3 à sept heures, il va à l'école • Le tigre a • est à ma ceinture • Mon oncle a des cadeaux • On frappe à la porte, qui a une lettre • à Noël et une autre à Pâques • La chèvre a

Grammaire (p. 22)

1 *Souligner* : joli • triste • sombre • frisé • blanche • superbe • bonne • sage • pauvre • petite • électrique • douce • ancienne • sale • forte

2 *Souligner* : roses, râpeuse, douces, mignon, petit.

3 *Par ex.* : un jeune renard argenté • une jolie maison neuve • un grand bruit désagréable • une élégante robe bleue • des longues vacances ensoleillées

4 *Par ex.* : un roi avare • une lumière aveuglante • un moteur puissant • des îles mystérieuses • un animal sauvage • une mission dangereuse • un élève nouveau • des exercices faciles

5 *Par ex.* : oiseau cruel, ses grandes ailes, son bec crochu. un cri aigu, un bruit épouvantable.

Conjugaison (p. 23)

1 *Souligner* : rougir, fleurir, avertir, pétrir, brunir, obéir.

2 Je finis • Vous remplissez • Elle applaudit • Tu démolis • Ils avertissent • Nous choisissons

3 Vous tenez • Je tiens • Ils tiennent • Le clou tient • Nous tenons • Tu lui tiens

4 Il va • Ils vont • Tu vas • Vous allez • Je vais • Ils vont

5 Tu fais • Nous faisons • Ils font • Je fais • Elle fait • Vous faites

6 Nous prenons • Elles prennent • Je prends • Tu prends • Vous prenez • Il prend

Unité (6)

Vocabulaire (p. 24)

1 richesse/pauvreté • ami/ennemi • bien/mal • jeunesse/ vieillesse • paix/guerre

2 reposant/fatigant • nouveau/ancien • innocent/coupable • joyeux/triste • présent/absent

3 accepter/refuser • accrocher/décrocher • acheter/vendre • ajouter/soustraire • monter/descendre

4 en bas/en haut • dedans/dehors • près de/loin de • beaucoup/peu • toujours/jamais

5 diminution • démolissent • coucher

Orthographe (p. 25)

1 son livre • sa pièce • son chat • son crayon • son déjeuner • sa mère • son père • son dictionnaire • son jeu • sa viande • sa ville • son village • son fromage • sa table • sa serviette

2 son repas • sont assis • son pelage • son voisin • sont terminés • sont grandes • Son poème • son sac • les verres sont • son camion

3 Mes dents, mais elles • mes amis, mais ils • mes billes • Mes jouets, mais ils • mes aventures, mais il • Mais où est

4 mes cousins, mais ils • mes photos • mais il • mais on • mes voyages, mais je • mes crayons, mais ne les • mais sois

Grammaire (p. 26)

1 *Singulier* : une mouche, une voiture, la France, un escalier, un cahier, ton cadeau.
Pluriel : mes chaussures, tes livres, les trains, les Pays-Bas, nos vêtements, leurs cousins.

2 *Par ex.* : Tu entends les avions • Nous prenons nos affaires • Vous mangez les haricots • répare les voitures • aime les jeux sportifs • Les touristes attendent • Les feuilles poussent • Les lions chassent • Les canards plongent

3 des petits lapins • des poils blancs • des animaux intelligents • des armes dangereuses • des scènes amusantes • des pas rapides

Conjugaison (p. 27)

1 calculé • placé • posé • pressé • reculé • lavé • quitté • rêvé • trouvé • raconté • ajouté • existé

2 guéri • sali • saisi • averti • grandi • maigri • rougi • applaudi • nourri • réussi • franchi • fleuri

3 produit(e) • construit(e) • mis(e) • promis(e) • appris(e) • écrit(e) • compris(e) • fait(e) • dit(e) • soustrait(e) • peint(e) • satisfait(e) • instruit(e) • détruit(e) • distrait(e) • craint(e) • surpris(e) • conduit(e)

Unité 7

Vocabulaire (p. 28)

1 pin, pain • cour, court • chêne, chaîne • faim, fin

2 foie, fois • moi, mois

3 bise • cachet • moule • centre

Orthographe (p. 29)

1 cette table • ce car • cet éléphant • cette boîte • ces pommes • cette image • ce stylo • ces arbres

2 un balcon • une soupe • un(e) enfant • des lions • une aventure • un dessin • une souris • des voitures

3 ce froid • cette fenêtre • ces poissons • cet ami • ces brosses • cette mousse • ce chant • cet arrêt • ces efforts • ces fusées

4 ce tableau • se cacher • se ramassent • Ce serveur se présente • ce renard • Ce vase se remarque • se lève • ce paysage

Grammaire (p. 30)

1 *masculin :* un papillon, un oiseau, ce pays, ce tiroir, son col, le signal. *féminin :* une pie, la grange, cette poire, sa rose, la gare, son étoile.

2 *masculin :* l'ours, l'orage, l'abonnement, l'accent, l'acteur, l'achat. *féminin :* l'otarie, l'abeille, l'oreille, l'orange, l'étiquette, l'olive.

3 un chapeau noir • une pomme mûre • un manteau usé • des cheveux bruns • un roi riche • une branche cassée

Conjugaison (p. 31)

1 J'ai raconté une histoire. • Tu as trouvé une bille. • Il a mangé de l'ananas. • Nous avons ramassé des noisettes. • Vous avez regardé un film. • Elles ont posé une question.

2 je suis entré • tu es entrée • Geoffroy est entré • Christian et mon père sont entrés • Juliette et Élisabeth sont entrées • Mes cousins sont entrés.

3 Je suis allée • Tu es venue • Elle est descendue • Nous sommes arrivées • Vous êtes venues • Elles sont parties.

Unité 8

Vocabulaire (p. 32)

1 dé/tacher • re/laver • dé/conseiller • ir/respirable • in/actif • trans/percer • mal/heureux • im/poli • dis/paraître • dé/rouler.

2 refaire • reprendre • reposer • reporter • refleurir • replier • redire • relancer • rechausser • relire • recoudre • recouvrir

3 irrégulier • malhonnête • inattendu • débloquer • maladroit • déranger • invisible • irréel • irremplaçable • irréparable • dégeler • incertain • inacceptable • malchanceux

4 reboucher, déboucher • recoiffer, décoiffer • recoller, décoller • replacer, déplacer

Orthographe (p. 33)

1 Ces crabes • ses aventures • ses couleurs • ses lettres • Ces souris • ces maisons • ses vacances • Ces singes • ces confitures • Ces musiciens

2 c'est l'heure • C'est un avion • Il s'est préparé • s'est écroulé • C'est le 21 • c'est en travaillant • c'est un virage • s'est éloigné • c'est un catalogue • il s'est baigné.

3 bien présenter • On lui a proposé • tu dois ajouter, mélanger • Elle a profité, qu'on a donné • Je veux terminer, j'ai commencé • te presser, nous allons arriver.

Grammaire (p. 34)

1 Ce champignon rouge est dangereux. Mon père aime les spaghettis. Mes amis m'ont annoncé la nouvelle. La maîtresse pose une question.

2 *Souligner :* Le cheval • Cet instrument • Les camions • Les marins • Les hommes • La petite fille • Le chef de gare

3 chuchote • coupent • s'arrêtent • pleure • tombent • aiment • décorent • prennent • fleurissent

Conjugaison (p. 35)

1 Nous couperons • Ils/Elles guériront • Tu chanteras • Il/Elle dansera • Vous remplirez • Je planterai.

2 Tu camperas • Nous franchirons • Elle ramassera • Vous grandirez • Ils présenteront • Je réunirai.

3 Le plat refroidira • Je nourrirai • Vous marcherez • Les spectateurs applaudiront • Tu présenteras • Nous remplirons.

4 je fermerai, tu fermeras, il/elle fermera, nous fermerons, vous fermerez, ils/elles fermeront
je trouverai, tu trouveras, il/elle trouvera, nous trouverons, vous trouverez, ils/elles trouveront
je saluerai, tu salueras, il/elle saluera, nous saluerons, vous saluerez, ils/elles salueront.

Unité 9

Vocabulaire (p. 36)

1. suffixe *-ier* : plombier, menuisier, pompier.
-iste : dentiste, graphiste, garagiste.
-ien : électricien, pharmacien, mécanicien.
-eur : chanteur, danseur, directeur.

2. la pâleur ● la rougeur ● la minceur ● la blancheur ● la grosseur ● la noirceur

3. laver/lavage ● repasser/repassage ● afficher/affichage ● arroser/arrosage ● sécher/séchage

4. réparer/réparation ● trembler/tremblement ● réciter/récitation ● remplacer/remplacement ● occuper/occupation ● rapprocher/rapprochement ● lancer/lancement ● inviter/invitation

Orthographe (p. 37)

1. otaries ● lits ● caisses ● chiens ● roses ● magasins ● bouteilles ● minutes ● jours ● fourches

2. anneaux ● cheveux ● rideaux ● signaux ● ciseaux ● oiseaux ● milieux ● chevaux ● métaux ● adieux

3. bijoux ● nez ● fous ● écrous ● hiboux ● cous ● choux ● croix ● clous ● noix ● verrous ● os ● tapis ● radis ● cailloux ● bois ● joujoux ● genoux

Grammaire (p. 38)

1. *Souligner :* Mon petit frère ne marche pas encore. Il ne met jamais son blouson. Je n'utilise pas la machine à calculer. Max n'est pas encore célèbre.

2. Les gens du village n'arrivent pas à la mairie. Je ne monte jamais à cheval. Le géant n'habite pas une grotte. Le Petit Poucet n'a pas grimpé au sommet d'un arbre. Personne ne frappe à la porte. Ce maçon n'est pas très prudent.

3. Cet individu n'est pas honnête. Cette nouvelle n'est pas attendue. Cet enfant n'est pas heureux. La montagne n'est pas visible. Ma montre n'est pas réparable. L'ouvrier n'est pas chanceux.

Conjugaison (p. 39)

1. j'aurai, tu auras, il/elle aura, nous aurons, vous aurez, ils/elles auront.

2. je serai, tu seras, il/elle sera, nous serons, vous serez, ils/elles seront.

3. je dirai, tu diras, il/elle dira, nous dirons, vous direz, ils/elles diront.

4. je prendrai, tu prendras, il/elle prendra, nous prendrons, vous prendrez, ils/elles prendront.

5. Nous pourrons ● Je construirai ● Ils devront ● Tu voudras ● Vous mettrez ● Elle boira

6. j'irai, tu iras, il/elle ira, nous irons, vous irez, ils/elles iront ● je viendrai, tu viendras, il/elle viendra, nous viendrons, vous viendrez, ils/elles viendront ● je ferai, tu feras, il/elle fera, nous ferons, vous ferez, ils/elles feront ● je verrai, tu verras, il/elle verra, nous verrons, vous verrez, ils/elles verront.

Unité 10

Vocabulaire (p. 40)

1. lav/er, lav/able, lav/age, lav/erie, lav/oir ● séch/er, des/séch/er, séch/oir, séch/age, séch/eresse ● affich/er, affich/e, affich/age, affich/ette, affich/eur ● group/er, re/group/er, group/e, re/group/ement, group/uscule.

2. encourager, encourageant, encouragement ● admirer, admirable, admiration ● raisonner, raisonnable, raisonnement ● épuiser, épuisant, épuisement ● imaginer, imaginable, imagination.

3. dent : dentiste, dentition, dentifrice, dentelé, édenté... ● charger : chargement, chargeur, décharge, décharger, surcharger... ● libre : librement, libérer, libérateur, libération, liberté... ● présenter : présence, présentable, présentateur, présentation, présentoir.

Orthographe (p. 41)

1. jaunes ● intelligents ● usés ● pointus ● superbes ● transparents ● craintifs ● fragiles

2. postaux ● beaux ● amicaux ● féodaux ● verticaux ● nouveaux ● originaux ● géniaux

3. des jeux normaux ● des exercices oraux ● des chiens boiteux ● des chats peureux ● des matchs nationaux ● des cheveux bouclés ● des événements mondiaux

Grammaire (p. 42)

1. *Par ex. :* Qui a vu le géant vert ? Combien coûte cette voiture ? Pourquoi es-tu seul ? Comment pars-tu en vacances ? Quand fêterez-vous votre anniversaire ?

2. Est-ce que nous partirons en fin d'après-midi ? Est-ce que la sorcière a fermé la porte ? Est-ce que Louis aime le cirque ? Est-ce que les chameaux vivent dans le désert ?

3. Entends-tu ? Partons-nous ? Travaillent-elles ? Comprend-il ? Buvez-vous ?

4. Le lion rugit-il dans la cage ? Marie emportera-t-elle ses disques ? Pierre et Nicolas font-ils un exposé ? Le cycliste grimpe-t-il la côte ?

Conjugaison (p. 43)

1. *passé proche :* Martial vient de déjeuner. Vous venez de gonfler le ballon. La maison vient d'être construite. *futur proche :* Elle va bientôt guérir. Nous allons l'emmener. Les feuilles vont repousser.

2. Les oiseaux viennent de faire leurs nids. Le mécanicien vient de réparer une voiture. Les moutons viennent de brouter l'herbe.

3. Je vais voir un spectacle de cirque. Elle va avoir un nouvel ordinateur. Cet acteur va jouer le rôle principal.

4. j'ai choisi, je viens de choisir, je choisirai, je vais choisir ● elle a trouvé, elle vient de trouver, elle trouvera, elle va trouver ● vous avez mangé, vous venez de manger, vous mangerez, vous allez manger ● nous sommes parti(e)s, nous venons de partir, nous partirons, nous allons partir.

Unité 11

1 L'avion vole. Quentin lit. Mon chien aboie. Une fleur rose pousse. Son frère s'amuse. Ma poupée dort.

2 Patrick élève des lapins. Mon père utilise une voiture. Le jardinier cultive des légumes. Cet oiseau pousse un cri. Mireille porte une jolie robe. Mon voisin possède une belle maison.

3 examiner • assister à ce spectacle • consulter un médecin • rencontrer ses amis • visiter un pays

Orthographe (p. 45)

1 habitante • voisine • cousine • écolière • mariée • étudiante • lionne • musicienne

2 boulangère • charcutière • menteuse • chanteuse • championne • pharmacienne • paysanne • directrice

3 jument • femme • fille • tante • mère • dame

4 allée, soirée, clé, idée, arrivée, matinée, marée, journée, pensée, araignée, liberté, dictée, fierté, montée, bonté, cruauté, jetée, pauvreté.

Grammaire (p. 46)

1 *Souligner :* Quel bon orchestre ! Que tu m'énerves !

2 Oh, le passionnant roman ! Oh, l'imprudent conducteur ! Oh, la superbe robe !

3 Que la journée m'a semblé longue ! Que ce remède est énergique ! Qu'il est désagréable aujourd'hui ! Que j'aime le printemps !

4 Comme le vieux cheval est fatigué ! Comme il joue bien du violon ! Comme ce train est rapide ! Comme cette fillette a froid !

5 Quel fauteuil confortable ! Quel insecte minuscule ! Quel matin triste ! Quel ouvrier habile !

Conjugaison (p. 47)

1 Nous coupions • Je/Tu mangeais • Ils/Elles parlaient • Nous réfléchissions • Il/Elle grandissait.

2 Tu trouvais • Nous guérissions • Ils agissaient • Je ramassais • Elle rangeait • Vous obéissiez.

3 Les trois hommes écoutaient • Mon chien et moi marchions • La neige tombait • Les spectateurs applaudissaient • Chantal et toi assistiez • Tu cherchais.

4 je roulais, tu roulais, il/elle roulait, nous roulions, vous rouliez, ils/elles roulaient • je choisissais, tu choisissais, il/elle choisissait, nous choisissions, vous choisissiez, ils/elles choisissaient • je réunissais, tu réunissais, il/elle réunissait, nous réunissions, vous réunissiez, ils/elles réunissaient.

Unité 12

Vocabulaire (p. 48)

1 blanc/neige • rouge/tomate • noir/charbon • jaune/citron • bleu/ciel sans nuages

2 bête/âne • malin/singe • gai/pinson • sale/cochon • lent/escargot

3 répéter/perroquet • dormir/marmotte • bondir/chat • nager/poisson • siffler/merle

4 *Par ex. :* léger/plume • sage/image • doux/agneau • gros/éléphant • aimable/ours

5 *Par ex. :* briller/étoile • rugir/lion • voler/oiseau • manger/ogre • ramper/serpent

Orthographe (p. 49)

1 mûre • affamée • bavarde • petite • noire • claire • matinale • cirée • bonne • gentille • naturelle • courageuse • heureuse • éternelle • curieuse

2 étrangère • amère • entière • régulière • droitière • aventurière • journalière • rouge • honnête • noble • sensible

Grammaire (p. 50)

1 C'est un coquillage que je cherche. C'est son nid que l'oiseau construit. C'est sous l'escalier que les enfants se cachent. C'est hier que nous avons planté des fleurs.

2 J'ai visité Paris l'année dernière. Tu prends une cuillère. Le pharmacien m'a vendu un médicament.

3 *Souligner :* Dans le jardin • pendant deux jours • dans le salon • dans le ciel • au bord de la route

4 *Souligner :* l'ampoule de la salle de bains • une belle histoire • sa voiture • son exercice de grammaire • de nombreuses photos

Conjugaison (p. 51)

1 Ils/Elles avaient • J'avais mon chien • Nous avions une classe • Il/Elle avait un cartable • Vous aviez le temps • Tu avais ton chapeau.

2 Vous aviez un nouveau • J'avais du mal • Nous avions quelques jours • Elle avait sa robe • Tu avais de beaux cheveux • Les arbres avaient

3 Vous étiez déjà en route • J'étais le plus • Ils/Elles étaient en retard • Tu étais (ou J'étais) près du but • Nous étions sur le point de • Il/Elle était en train de

4 Nous étions deux vrais amis • Tu étais dans • Ils étaient trop nombreux • Elle était contrariée • Étiez-vous à la fête ? • J'étais trop faible

5 Nous étions douze à table. • J'étais le capitaine de l'équipe. • Les fleurs étaient ouvertes.

Unité 13

Vocabulaire (p. 52)

Fais vérifier par un adulte.

Orthographe (p. ,53)

1. Il est entêté. • Elles sont fleuries. • Elle est flétrie. • Ils sont cassés. • Ils sont égarés. • Elle est appliquée. • Elles sont boisées. • Il est rayé.

2. sortie • venus • pressé • pointus • gelée • tombées • fendu • réservées • bouilli • fondue • frisés • garanties

3. passé • décorées • cassées • revenue • tombés • guéri(e)s • cirées • flambée • gonflé • habitués • vidée • inondés

4. partis • arrivés • brossés • cueillis • ramassées • arrosées • finis • calculés • remplis • salies

Grammaire (p. 54)

1. *Souligner :* dans sa cage • au marché • dans le sol • dans le placard • sur l'ouest de la France • dans la cour • sur l'étagère • Au bord de la mer • derrière l'arbre • dans la cuisine

2. *Par ex. :* se promène dans la forêt • son nid sur la branche • un foulard autour du cou • Dans ces sous-bois poussent

3. *Souligner :* hier • Dimanche • à 10 heures • pendant une heure • pendant quarante minutes • l'année dernière • L'année prochaine • pendant dix minutes • Tout à l'heure

4. *Par ex. :* vers midi • Demain, j'irai • va commencer bientôt • Cet hiver, nous ferons

Conjugaison (p. 55)

1. L'ingénieur voulait • Les fusées permettaient • Je ne disais, ce que je recevais • on vivait • Tu conduisais • Nous achetions • Vous deviez faire

2. Les alpinistes partaient • Les hommes vivaient • Ils obtenaient • Tu nous servais • Je construisais

3. j'allais, tu allais, il/elle allait, nous allions, vous alliez, ils/elles allaient • je venais, tu venais, il/elle venait, nous venions, vous veniez, ils/elles venaient • je faisais, tu faisais, il/elle faisait, nous faisions, vous faisiez, ils/elles faisaient • je voyais, tu voyais, il/elle voyait, nous voyions, vous voyiez, ils/elles voyaient.

4. Tu suivais son exemple. • Elle prenait son temps. • Ils ouvraient la porte. • Les enfants buvaient du lait.

Unité 14

Vocabulaire (p. 56)

1. emploi • ancien • adroit • paix

2. *Par ex. :* semblable • à l'extérieur • l'heure des fantômes

3.

4.

Orthographe (p. 57)

1. tout le journal • toute la mer • tout le quartier • tous les jouets • toute la carte • toute la course • tout l'étage • toutes les pièces • tout le jardin • tous les chevaux • toutes les heures • toute la ville

2. tout le pays • toutes les dents • toutes les noisettes • toute la matinée • Tous les bateaux • Toute l'école • Toutes les voitures

3. quel tuyau • quels poissons • quelles glaces • quels outils • quelle hirondelle • quel bureau • quels cyclistes • quelle trousse • quel arbre • quelle assiette • quels ballons • quelles questions

4. À quelle adresse • Quelles sont tes plages • Quels gâteaux • Quel beau cheval ! • Quels sont tes disques • Quel est le second • Quelles chaussures • Quels sports • quel est ton nom • quels vêtements

Grammaire (p. 58)

1. Il prend ses baskets et il <u>les</u> met. Maman prépare le rôti et <u>le</u> met dans le four. Il cherche un disque et <u>l'</u>écoute. Le lion poursuit sa proie et <u>la</u> mange.

2. et je <u>les</u> compte • et <u>la</u> conduit • et <u>le</u> pose • et <u>l'</u>appelle • et <u>le</u> remplit • et <u>le</u> range • car elle <u>les</u> aime • et nous <u>la</u> regardons • et <u>la</u> mange • et <u>la</u> met

3. *Par ex. :* Prête-moi ta poupée • a envoyé une lettre • Si tu creuses un trou • Je lave mes cheveux • Papa fait une tarte • Je prends un timbre

Conjugaison (p. 59)

1. aie le courage • n'ayez pas peur • ayons l'air naturel

2. soyez les meilleurs • sois bien sage • soyons à l'heure

3. Prête-moi ton stylo • Relis ton texte • Rends la monnaie • Tiens le ballon • Reviens

4. tu trouves, trouve • tu approches, approche • tu sautes, saute • nous choisissons, choisissons • nous faisons, faisons • vous dites, dites • tu prends, prends

Unité

Vocabulaire (p. 60)

1 asperge • bascule • brasser • phrases • gymnase • matelas

2 amer • loupe • crampe • chien • poli

3 *Par ex. :* mon premier est en tissu (drap). Mon second recouvre mon corps (peau). • Mon premier transporte des voyageurs (car). Mon second est utile au Père Noël (hotte). • Mon premier est un arbre (pin). J'entends mon second (son).

Orthographe (p. 61)

1 leur voyage • leurs animaux • leur restaurant • leurs pelouses • leur avion • leurs vacances • leurs bagages • leur bureau • leurs dents • leurs légumes • leur imprudence • leur chance

2 Leur soirée • Je leur dirai • Elle leur garde leurs plantes • Je leur emporte leurs goûters • Le gardien leur ouvre leurs cages • leurs œufs • leurs poissons • Ils leur achètent leurs livres

3 le 12 ou le 13 • où elle a rangé • du gâteau ou un fruit • Où pars-tu • où va ce bateau

4 où il est, à la piscine ou au judo • Où est ton stylo ? • Savez-vous où mène ce chemin ? • Jérôme ou Nathalie ?

Grammaire (p. 62)

1 *Souligner :* Ne plonge pas ! • Quel temps épouvantable ! • Sortez vite ! • Fuyons avant qu'il n'arrive ! • Ne le dérange pas !

2 Ne ferme pas la fenêtre. • Viens me voir plus souvent. • Prends ton bain et va te coucher. • Réfléchis avant de répondre. • Envoyons un colis par la poste. • Entrez sans faire de bruit.

3 Branche la prise de courant. • Choisis la bonne direction. • Fais deux équipes.

4 Peins la tête de la marionnette, passe une couche unie. Dessine les yeux et la bouche. Colle des morceaux de feutrine ou de fourrure. Ajoute quelques paillettes ou des boutons.

Conjugaison (p. 63)

1 • Vous avez cueilli… • Ils ont découvert… • Nous avons présenté… • Elle a écrit… • J'ai peint… • Tu as pris… • Il a nourri… • Elles ont entendu… • J'ai senti… • Vous avez couvert…

2 • Hier, il est allé… Avec son père, ils ont pris… ; ils sont descendus… Ils ont ri, le film leur a plu et, à la fin, ils ont applaudi. • Cet été, j'ai fait une randonnée : j'ai mis… et j'ai rempli… J'ai vu… et j'ai rapporté… Comme il faisait chaud, j'ai bu…

Orthographe

ces - ses • c'est - s'est • -er ou -é à la fin des verbes

- Il ne faut pas confondre **ces** (**déterminant**, voir page 29) et **ses** (déterminant qui veut dire **les siens**).
  Regarde **ces** montagnes ! Il a pris **ses** skis.

- Il ne faut pas confondre **c'est** (**cela est**) et **s'est** (qui fait **partie** d'un **verbe**).
  C'est une chance ! (**Cela est** une chance !) Il **s'est** coupé. (**se + couper**)

1 **Complète par** *ces* **ou** *ses*. ● ● ●

● .... crabes marchent de travers. ● Elle nous a raconté .... aventures. ● Il a choisi .... couleurs préférées. ● Elle lit .... lettres. ● .... souris sont blanches. ● Regarde .... maisons ! ● Valentine prépare .... vacances. ● .... singes sont drôles. ● Aimes-tu .... confitures-là ? ● .... musiciens jouent bien.

2 **Complète par** *c'est* **ou** *s'est*. ● ● ●

● Reposez-vous, ... l'heure de la sieste ! ● .... un avion qui a fait ce bruit. ● Il .... préparé en silence. ● Le mur .... écroulé. ● .... le 21 septembre que commence l'automne. ● Je pense que .... en travaillant que tu réussiras. ● Roule lentement, ... un virage dangereux ! ● Le train .... éloigné dans la fumée. ● Je crois que .... un catalogue publicitaire. ● Ce matin, il .... baigné.

- Il ne faut pas confondre, **à la fin des verbes**, l'infinitif en **-er** et le participe passé en **-é**.

  Je vais mang**er** le plat que j'ai prépar**é**.
  (infinitif)   *(participe passé)*

3 **Complète par** *-er* **ou** *-é*. ● ● ●

● Il faut bien présent.... ton travail. ● On lui a propos.... un emploi. ● Tu dois ajout.... du sucre et bien mélang.... ta pâte. ● Elle a profit.... du conseil qu'on a donn.... à son frère. ● Je veux termin.... ce que j'ai commenc..... ● Peux-tu te press.... un peu, nous allons arriv.... en retard !

33

Grammaire

Le groupe sujet •
La relation entre le sujet et le verbe

Le **groupe sujet** peut être un nom commun, un nom propre,
un pronom ou un groupe nominal.

Pour dire	on trouve les pronoms personnels sujets
moi ou **quelqu'un et moi**	**je** ou **nous**
toi ou **quelqu'un et toi**	**tu** ou **vous**
un nom commun féminin	**elle**
un nom commun masculin	**il**. On accorde au pluriel : **elles**, **ils**.

> Le crocodile dort. = **Il** dort.
> La girafe mange des feuilles. = **Elle** mange des feuilles.

1 **Transforme les phrases selon le modèle et souligne le sujet.**

C'est <u>Pierre</u> qui est malade. → <u>Pierre</u> est malade.

● C'est ce champignon rouge qui est dangereux. → ....

● C'est mon père qui aime les spaghettis. → ....

● Ce sont mes amis qui m'ont annoncé la nouvelle. → ....

....

● C'est la maîtresse qui pose une question. → ....

2 **Souligne les sujets des verbes.**

● Le cheval quitte l'écurie. ● Cet instrument produit des sons agréables.

● Les camions sont en panne. ● Les marins abordent la côte. ● Les hommes ont eu peur.

● La petite fille se retrouve au chaud. ● Le chef de gare donne le signal.

● **Il faut accorder le verbe avec son sujet.**

Une mouche vol**e**.	Elle vole.	Des mouches vol**ent**.	Elles volent.
(sing.)	(sing.)	(plur.)	(plur.)

● Quand il y a **plusieurs sujets**, le **verbe** est au **pluriel**.

> Marine et Julie chant**ent**.

3 **Accorde les verbes avec leurs sujets.**

● Il chuchot......... . ● Les enfants coup......... le gâteau. ● Les deux frères s'arrêt......... .

● Martine pleur......... . ● Les garçons tomb......... dans le bassin. ● Elles aim.........

le sport. ● Le dessin et la photo décor......... la classe. ● Jean et Louis prenn......... leur

goûter. ● Le prunier et le pommier fleuriss......... .

Le futur des verbes en -er et en -ir

Pour conjuguer au **futur** les verbes qui se terminent par **-er** ou **-ir** (comme **finir**), on ajoute à l'**infinitif** les terminaisons suivantes :
-ai, **-as**, **-a**, **-ons**, **-ez**, **-ont**.

je passer**ai**, tu passer**as**, il *ou* elle passer**a**,
nous passer**ons**, vous passer**ez**, ils *ou* elles passer**ont**.

je finir**ai**, tu finir**as**, il *ou* elle finir**a**,
nous finir**ons**, vous finir**ez**, ils *ou* elles finir**ont**.

1 Complète en ajoutant le pronom personnel.

● .... couperons. ● .... *ou* .... guériront. ● .... chanteras.

● .... *ou* .... dansera. ● .... remplirez. ● .... planterai.

2 Complète les terminaisons des verbes au futur.

● Tu campe............ . ● Nous franchi............ . ● Elle ramasse............ .

● Vous grandi............ . ● Ils présente............ . ● Je réuni............ .

3 Écris les verbes entre parenthèses au futur.

● Le plat (**refroidir**) .... ● Je (**nourrir**) .... mes lapins.

● Vous (**marcher**) .... sur la plage. ● Les spectateurs

(**applaudir**) .... les artistes. ● Tu (**présenter**) .... ton

exposé à tes camarades. ● Nous (**remplir**) .... la carafe d'eau fraîche.

4 Complète le tableau en conjuguant les verbes au futur.

	fermer	trouver	saluer
je	....	....	....
tu	....	....	....
il *ou* elle	....	....	....
nous	....	....	....
vous	....	....	....
ils *ou* elles	....	....	....

Vocabulaire

Les suffixes

À partir d'un mot, on peut en obtenir un nouveau en lui ajoutant, à la **fin**, un **suffixe**.

> maison → maisonn/**ette** ; poli → polit/**esse** :
> **-ette** et **-esse** sont des suffixes.

1 **Classe les noms de métiers dans les colonnes.**

électricien, dentiste, chanteur, plombier, danseur, pharmacien, graphiste, directeur, menuisier, mécanicien, garagiste, pompier.

suffixe *-ier*	suffixe *-iste*	suffixe *-ien*	suffixe *-eur*

2 **Trouve les noms formés avec le suffixe -eur à partir des verbes.**

maigr/*ir* → la maigr/*eur*

- pâl/*ir* : la ....
- roug/*ir* : la ....
- minc/*ir* : la ....
- blanch/*ir* : la ....
- gross/*ir* : la ....
- noirc/*ir* : la ....

3 **Trouve les noms formés avec le suffixe -age à partir des verbes.**

action d'arrach/*er* → arrach/*age*

- L'action de lav/*er*, c'est le ....
- L'action de repass/*er*, c'est le ....
- L'action d'affich/*er*, c'est l'.............................. .
- L'action d'arros/*er*, c'est l'.............................. .
- L'action de séch/*er*, c'est le ....

4 **Même consigne en utilisant les suffixes -ation ou -ement.**

- répar/*er* : la ....
- trembl/*er* : le ....
- récit/*er* : la ....
- remplac/*er* : le ....
- occup/*er* : l'..............................
- rapproch/*er* : le ....
- lanc/*er* : le ....
- invit/*er* : l'..............................

Orthographe

Le pluriel des noms

- Le plus souvent, les noms prennent un **s** au pluriel. un livre, des livres.
- Les noms qui se terminent par **-au**, **-eau** ou **-eu** prennent, en général, un **x** au pluriel. des noyaux, des manteaux, des jeux.
- Les noms qui se terminent par **-al** s'écrivent **-aux** au pluriel. des journaux

1 *Écris les noms au pluriel.* ● ● ●

- une otarie, des ....
- une caisse, des ....
- une rose, des ....
- une bouteille, des ....
- un jour, des ....

- un lit, des ....
- un chien, des ....
- un magasin, des ....
- une minute, des ....
- une fourche, des ....

2 *Même consigne.* ● ● ●

- un anneau, des ....
- un rideau, des ....
- un ciseau, des ....
- un milieu, des ....
- un métal, des ....

- un cheveu, des ....
- un signal, des ....
- un oiseau, des ....
- un cheval, des ....
- un adieu, des ....

- Les noms qui se terminent par **-ou** prennent un **s** au pluriel : un clou, des clous, sauf **bijou**, **caillou**, **chou**, **genou**, **hibou**, **joujou** et **pou**, qui prennent un **x**.
- Les noms qui se terminent par **x**, **s** ou **z** au singulier ne changent pas : une souris, des souris ; un nez, des nez.

3 *Écris les noms au pluriel.* ● ● ●

- un bijou, des ....
- un écrou, des ....
- un chou, des ....
- une noix, des ....
- un tapis, des ....
- un caillou, des ....
- un joujou, des ....

- un nez, des ....
- un hibou, des ....
- une croix, des ....
- un verrou, des ....
- un radis, des ....
- un bois, des ....
- un genou, des ....

- un fou, des ....
- un cou, des ....
- un clou, des ....
- un os, des ....

La phrase négative

- La phrase négative exprime le **contraire**.

  Je range mes jouets. Non, je **ne** range **pas** mes jouets.

- Pour construire une phrase négative, on peut employer **ne ... pas**, **ne ... plus**, **ne ... jamais**, **ne ... rien**, **ne ... personne**.

1 **Souligne les phrases qui sont négatives.**

- Ils restent debout toute la journée. • Mon petit frère ne marche pas encore.
- Il ne met jamais son blouson. • La glace flotte sur les mers polaires. • Je n'utilise pas la machine à calculer. • La vendeuse a tes chaussures. • Les avions décollent très vite.
- Max n'est pas encore célèbre.

2 **Transforme en phrases négatives les phrases suivantes.**

- Les gens du village arrivent à la mairie. → ....
....
- Je monte toujours à cheval. → ....
- Le géant habite une grotte. → ....
- Le Petit Poucet a grimpé au sommet d'un arbre. → ....
....
- Quelqu'un frappe à la porte. → ....
- Ce maçon est très prudent. → ....

3 **Utilise les contraires (exercice n° 3, page 32) pour construire des phrases négatives.**

Son travail est irrégulier. → Son travail n'est pas régulier.

- Cet individu est malhonnête. → ....
- Cette nouvelle est inattendue. → ....
- Cet enfant est malheureux. → ....
- La montagne est invisible. → ....
- Ma montre est irréparable. → ....
- L'ouvrier est malchanceux. → ....

Conjugaison

Le futur des autres verbes

Certains verbes **se transforment** au **futur**, mais ils gardent toujours les **mêmes terminaisons** derrière le **r** marque du futur :
-ai, **-as**, **-a**, **-ons**, **-ez**, **-ont**.

1 **Conjugue le verbe** *avoir* **au futur et souligne les terminaisons.** ● ● ●

J'au<u>rai</u>, tu au<u>ras</u>, il *ou* elle ...., nous ....,
vous ...., ils *ou* elles ....

2 **Même consigne avec le verbe** *être*. ● ● ●

Je se<u>rai</u>, tu se<u>ras</u>, ...

....

3 **Même consigne avec le verbe** *dire*. ● ● ●

Je di<u>rai</u>, ...

....

4 **Même consigne avec le verbe** *prendre*. ● ● ●

Je prend<u>rai</u>, ...

....

5 **Complète les terminaisons des verbes au futur.** ● ● ●

● Nous pour...... faire le travail. ● Je construi...... un château. ● Ils dev...... partir
de bonne heure. ● Tu voud...... un gâteau ? ● Vous mett...... votre imperméable.
● Elle boi...... une limonade.

6 **Complète ce tableau en conjuguant les verbes au futur.** ● ● ●

	aller	venir	faire	voir
je, j'	irai	viendrai	....	....
tu	....	....	feras	....
il *ou* elle	....	....	....	verra
nous	....	....	....	....
vous	....	....	....	....
ils *ou* elles	....	....	....	....

Les familles de mots

- Une famille de mots regroupe tous les mots qui ont la même **racine** : c'est la **partie commune**.

  <u>port</u>/er, trans/<u>port</u>/er, re/<u>port</u>/er, <u>port</u>/eur
  → <u>port</u> est la racine

- Quand on ajoute des préfixes ou des suffixes à un mot, l'ensemble des mots forme une **famille**.

1 **Recopie les séries de mots de la même famille en isolant par une barre les préfixes et les suffixes et en soulignant la racine.**

- laver, lavable, lavage, laverie, lavoir : ....

- sécher, dessécher, séchoir, séchage, sécheresse : ....

  ....

- afficher, affiche, affichage, affichette, afficheur : ....

  ....

- grouper, regrouper, groupe, regroupement, groupuscule : ....

  ....

2 **Complète ce tableau par des mots de la même famille.**

verbes en *-er*	adjectifs en *-ant* ou *-able*	noms en *-ement* ou *-ation*
encourager	....	....
....	admirable	....
....	....	raisonnement
épuiser	....	....
....	imaginable	....

3 **En t'aidant du dictionnaire, trouve 5 mots de la même famille que le mot indiqué et souligne la racine.**

- dent : ....

- charger : ....

- libre : ....

- présenter : ....

Le pluriel des adjectifs

- L'adjectif, comme le nom qu'il accompagne, prend la **marque du pluriel**. Généralement, on forme le pluriel des adjectifs en ajoutant un **s**.
  un petit poisson rouge, des petit**s** poisson**s** rouge**s**.

- Les adjectifs qui se terminent par **-eau** au singulier prennent un **x** au pluriel. un élève nouveau, des élève**s** nouveau**x**.

- Les adjectifs qui se terminent par **-al** au singulier s'écrivent **-aux** au pluriel. un ouvrier matinal, des ouvrier**s** matin**aux**.

- Les adjectifs qui se terminent par **-x** ou **-s** au singulier ne changent pas.
  un enfant heureu**x**, des enfant**s** heureu**x**.

1 **_Écris les adjectifs au pluriel._** ● ● ●

● une fleur jaune, des fleurs .... ● un animal intelligent, des animaux .... ● un tablier usé, des tabliers .... ● un crayon pointu, des crayons .... ● une superbe poupée, des .... poupées ● un verre transparent, des verres .... ● un chien craintif, des chiens .... ● un tissu fragile, des tissus ....

2 **_Même consigne._** ● ● ●

● un chèque postal, des chèques .... ● un beau village, des villages ● un geste amical, des gestes .... ● un château féodal, des châteaux .... ● un trait vertical, des traits .... ● un jour nouveau, des jours .... ● un poème original, des poèmes .... ● un savant génial, des savants ....

3 **_Écris les groupes nominaux au pluriel._** ● ● ●

● un jeu normal, des ....

● un exercice oral, des ....

● un chien boiteux, des ....

● un chat peureux, des ....

● un match national, des ....

● un cheveu bouclé, des ....

● un événement mondial, des ....

Grammaire

La phrase interrogative

 La phrase interrogative sert à interroger, à poser des questions, à demander des informations. Elle se termine toujours par un **point d'interrogation (?)**. Où es-tu né **?** Quel âge as-tu **?**

1 *Écris des phrases interrogatives avec les mots indiqués. Attention ! Le pronom personnel est toujours après le verbe.*

Avez-vous ? Es-tu ?

- Qui ....
- Combien ....
- Pourquoi ....
- Comment ....
- Quand ....

2 *Transforme les phrases affirmatives (celles qui racontent, qui disent, qui affirment) en phrases interrogatives en suivant le modèle.*

Vous avez rencontré vos amis. → Est-ce que vous avez rencontré vos amis ?

- Nous partirons en fin d'après-midi. → ....
- La sorcière a fermé la porte. → ....
- Louis aime le cirque. → ....
- Les chameaux vivent dans le désert. → ....

3 *Transforme sur le modèle.* Elle dort. → Dort-elle ?

- Tu entends. → ....   • Nous partons. → ....
- Elles travaillent. → ....   • Il comprend. → ....
- Vous buvez. → ....

4 *Même consigne avec le modèle suivant.*

Les oiseaux (ils) s'envolent. → Les oiseaux s'envolent-ils ?

- Le lion (il) rugit dans la cage. → ....
- Marie (elle) emportera ses disques. → ....
- Pierre et Nicolas (ils) font un exposé. → ....
- Le cycliste (il) grimpe la côte. → ....

Conjugaison

Le passé proche • Le futur proche

- Le passé proche (ou immédiat) s'obtient en utilisant le verbe **venir de** au présent suivi d'un **verbe à l'infinitif**. Elle **vient de** faire son travail.

- Le futur proche (ou immédiat) s'obtient en utilisant le verbe **aller** au présent suivi d'un **verbe à l'infinitif**. Je **vais** faire du sport.

1 Recopie les phrases dans les colonnes correspondantes.

Martial vient de déjeuner. Elle va bientôt guérir. Nous allons l'emmener. Vous venez de gonfler le ballon. La maison vient d'être construite. Les feuilles vont repousser.

passé proche	futur proche

2 Mets les phrases au passé proche (immédiat).

- Les oiseaux font leurs nids. ....
- Le mécanicien répare une voiture. ....
- Les moutons broutent l'herbe. ....

3 Mets les phrases au futur proche (immédiat).

- Je vois un spectacle de cirque. ....
- Elle a un nouvel ordinateur. ....
- Cet acteur joue le rôle principal. ....

4 Complète le tableau.

passé composé	passé proche	futur	futur proche
....	....	je choisirai	....
....	....	....	elle va trouver
vous avez mangé	....	....	....
....	nous venons de partir	....	....

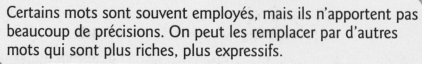
Le mot précis

> Certains mots sont souvent employés, mais ils n'apportent pas beaucoup de précisions. On peut les remplacer par d'autres mots qui sont plus riches, plus expressifs.
>
> un homme connu : un homme célèbre

1 **Remplace est par un des verbes suivants :**
s'amuse, dort, vole, aboie, pousse, lit.

- L'avion *est* dans le ciel. ....
- Quentin *est* dans la bibliothèque. ....
- Mon chien *est* dans sa niche. ....
- Une fleur rose *est* sur le balcon. ....
- Son frère *est* dans la cour. ....
- Ma poupée *est* dans son berceau. ....

2 **Remplace a par un des verbes suivants :**
utilise, élève, cultive, porte, possède, pousse.

- Patrick *a* des lapins à la campagne. ....
- Mon père *a* une voiture pour son travail. ....
- Le jardinier *a* des légumes dans son jardin. ....
- Cet oiseau *a* un cri étrange. ....
- Mireille *a* une jolie robe. ....
- Mon voisin *a* une belle maison. ....

3 **Remplace le verbe voir par un des verbes suivants :**
assister à, examiner, rencontrer, visiter, consulter.

- *Voir* de près, en regardant les détails, c'est ....
- *Voir* un spectacle, c'est .... ce spectacle.
- *Voir* un médecin, c'est .... un médecin.
- *Voir* ses amis, c'est .... ses amis.
- *Voir* un pays, c'est .... un pays.

Le féminin des noms

- Au féminin, en général, les noms prennent un **e**. un ami → une ami**e**.
- Certains noms doublent la consonne finale. un chien → une chie**nne**.
- Certains se transforment. un épicier → une épic**ière**
  un danseur → une dans**euse**   un acteur → une act**rice**
- D'autres changent complètement. mon frère → ma sœur.

1 *Écris les noms au féminin.* ● ● ●

- un habitant, une ....
- mon cousin, ma ....
- le marié, la ....
- un lion, une ....

- un voisin, une ....
- un écolier, une ....
- un étudiant, une ....
- un musicien, une ....

2 *Même consigne.* ● ● ●

- un boulanger, une ....
- un menteur, une ....
- un champion, une ....
- un paysan, une ....

- un charcutier, une ....
- un chanteur, une ....
- un pharmacien, une ....
- un directeur, une ....

3 *Même consigne.* ● ● ●

- un cheval, une ....
- le fils, la ....
- mon père, ma ....

- un homme, une ....
- mon oncle, ma ....
- un monsieur, une ....

- Les noms féminins qui se terminent par le son **« é »** prennent un **e**, sauf : une clé .
- Les noms féminin en **-té** ou en **-tié** ne prennent pas de **e**, sauf : la dictée, la portée, la montée, la jetée, la pâtée .

4 *Complète si nécessaire.* ● ● ●

une allé...., une soiré...., une clé...., une idé...., une arrivé...., une matiné....,

la maré...., une journé...., une pensé...., une araigné...., la liberté...., la dicté....,

la fierté...., une monté...., la bonté...., la cruauté...., la jeté...., la pauvreté.... .

La phrase exclamative

La phrase exclamative exprime la surprise, l'admiration, la joie, la tristesse, la colère… Elle se termine par un **point d'exclamation (!)**.

Quel bon repas ! Que cette promenade est ennuyeuse !

1 *Souligne les phrases exclamatives.*

● Paul chante bien. ● Est-ce un grain de blé ? ● Quel bon orchestre !

● Que tu m'énerves ! ● Pourquoi a-t-elle souri ? ● Nous sommes arrivés dès que possible.

2 *Transforme les phrases affirmatives en suivant le modèle.*

Cet arbre de Noël est magnifique. → Oh, le magnifique arbre de Noël !

● Ce roman est passionnant. → ....

● Ce conducteur est imprudent. → ....

● Cette robe est superbe. → ....

3 *Transforme les phrases affirmatives en phrases exclamatives en commençant par* Que *ou* Qu'.

● La journée m'a semblé longue. → ....

● Ce remède est énergique. → ....

● Il est désagréable aujourd'hui. → ....

● J'aime le printemps. → ....

4 *Même consigne en commençant par* Comme.

● Le vieux cheval est fatigué. → ....

● Il joue bien du violon. → ....

● Ce train est rapide. → ....

● Cette fillette a froid. → ....

5 *Même consigne en commençant par* Quel.

● C'est un fauteuil confortable. → ....

● Cet insecte est minuscule. → ....

● Ce matin est triste. → ....

● Cet ouvrier est habile. → ....

L'imparfait des verbes en -er et en -ir

- À l'imparfait, tous les verbes ont pour terminaisons :
  -ais, **-ais**, **-ait**, **-ions**, **-iez**, **-aient**.
- Les verbes en **-er** (comme **chanter**) se conjuguent ainsi :
  je chant**ais**, tu chant**ais**, il *ou* elle chant**ait**,
  nous chant**ions**, vous chant**iez**, ils *ou* elles chant**aient**.
- Les verbes en **-ir** (comme **finir**) se conjuguent ainsi :
  je fin**issais**, tu fin**issais**, il *ou* elle fin**issait**,
  nous fin**issions**, vous fin**issiez**, ils *ou* elles fin**issaient**.

1 **Complète en ajoutant le pronom personnel.**

.... coupions ● .... mangeais ● .... *ou* .... parlaient

.... réfléchissions ● .... *ou* .... grandissait

2 **Complète les terminaisons des verbes à l'imparfait.**

● Tu trouv........... ● Nous guériss........... ● Ils agiss...........

● Je ramass........... ● Elle range........... ● Vous obéiss...........

3 **Écris les verbes entre parenthèses à l'imparfait.**

● Les trois hommes (**écouter**) .... la conversation. ● Mon chien
et moi (**marcher**) .... dans la forêt. ● La neige (**tomber**)
.... sans arrêt. ● Les spectateurs (**applaudir**) ....
avec plaisir. ● Chantal et toi (**assister**) .... à la réunion.
● Tu (**chercher**) .... partout ton stylo.

4 **Complète le tableau en conjuguant les verbes à l'imparfait.**

	rouler	choisir	réunir
je			
tu			
il *ou* elle			
nous			
vous			
ils *ou* elles			

Les comparaisons

Pour rendre un récit **plus original** ou **plus amusant**, on utilise parfois des **comparaisons**.

Il était maigre **comme un clou**.

1 **Complète les comparaisons des couleurs avec un des groupes nominaux suivants :**
une tomate, la neige, du charbon, un ciel sans nuages, un citron.

- blanc comme ....
- noir comme ....
- bleu comme ....

- rouge comme ....
- jaune comme ....

2 **Complète les comparaisons exprimées par les adjectifs avec un des noms d'animaux suivants :**
un singe, un âne, un cochon, un escargot, un pinson.

- bête comme ....
- gai comme ....
- lent comme ....

- malin comme ....
- sale comme ....

3 **Complète les comparaisons exprimées par les verbes avec un des noms d'animaux suivants :**
un poisson, un merle, un perroquet, une marmotte, un chat.

- répéter comme ....
- bondir comme ....
- siffler comme ....

- dormir comme ....
- nager comme ....

4 **Complète les comparaisons par des groupes nominaux de ton choix.**

- léger comme ....
- doux comme ....
- aimable comme ....

- sage comme ....
- gros comme ....

5 **Complète en trouvant un verbe qui justifie la comparaison.**

- .... comme une étoile.
- .... comme un oiseau.
- .... comme un serpent.

- .... comme un lion.
- .... comme un ogre.

Le féminin des adjectifs qualificatifs

- Pour mettre un adjectif qualificatif au féminin, on ajoute généralement un **e**. méchant → méchant**e**
- Certains adjectifs doublent la consonne finale. cruel → crue**lle**
- Ceux qui se terminent par **-eux** ou par **-eur** se transforment en **-euse**. chanceux → chanc**euse** ; joueur → jou**euse**

1 *Écris au féminin.*

- un fruit mûr, une fraise .... ● un tigre affamé, une tigresse ....
- un oiseau bavard, une pie .... ● un petit pois, une ....
salade ● un manteau noir, une veste .... ● un salon clair, une classe
.... ● un garçon matinal, une fille .... ● un parquet ciré,
une armoire .... ● un bon repas, une .... tarte ● un camarade gentil,
une amie .... ● un air naturel, une allure ....
- un homme courageux, une femme .... ● un animal heureux,
une bête .... ● un serment éternel, une promesse ....
- un curieux récit, une .... histoire.

- Ceux qui se terminent par **-er** se transforment en **-ère**. fier → fi**ère**
- Enfin, certains ne changent pas, d'autres se transforment complètement. un ami fidèle → une amie fidèle ; un beau récit → une belle histoire

2 *Écris au féminin.*

- un accent étranger, une langue .... ● un fruit amer, une boisson
.... ● un plat entier, une part .... ● un résultat régulier,
une émission .... ● un garçon droitier, une fille ....
- un voyageur aventurier, une voyageuse .... ● un travail journalier,
une tâche .... ● un feu rouge, une pomme ....
- un homme honnête, une femme .... ● un sentiment noble,
une démarche .... ● un pied sensible, une personne ....

Le groupe complément

Les groupes que l'on peut placer entre **c'est … que** ou **c'est … qu'** s'appellent des **groupes compléments**.

Je regarde **le spectacle**. *C'est* **le spectacle** *que je regarde.*

1 **Recopie ces phrases en encadrant le groupe complément par** *c'est … que*.

● Je cherche un coquillage. ....

● L'oiseau construit son nid. ....

● Les enfants se cachent sous l'escalier. ....

● Hier, nous avons planté des fleurs. ....

2 **Recopie les phrases en supprimant** *c'est … que* **et souligne les groupes compléments**.

● C'est Paris que j'ai visité l'année dernière. ....

....

● C'est une cuillère que tu prends. ....

● C'est un médicament que le pharmacien m'a vendu. ....

....

● Dans la phrase, certains groupes peuvent **se déplacer.**

Demain, je partirai. Je partirai **demain**.

● D'autres groupes ne peuvent **pas se déplacer** : ce sont les **compléments de verbes**. Il mange **son goûter**.

3 **Souligne les compléments déplaçables.**

● Dans le jardin, les légumes commencent à pousser. ● Il a gardé la chambre pendant deux jours. ● Cécile joue dans le salon. ● Un avion passe dans le ciel. ● J'ai aperçu un lapin au bord de la route.

4 **Souligne les compléments non déplaçables.**

● Il faut changer l'ampoule de la salle de bains. ● Maman raconte une belle histoire. ● Il repeint sa voiture. ● Élodie finit son exercice de grammaire. ● Les touristes prennent de nombreuses photos.

L'imparfait des verbes avoir et être

À l'imparfait, le verbe **avoir** s'écrit :

j'**avais**, tu **avais**, il *ou* elle **avait**,
nous **avions**, vous **aviez**, ils *ou* elles **avaient**.

1 *Complète les phrases en ajoutant le pronom personnel qui manque.* ● ● ●

● .... *ou* .... avaient régulièrement de ses nouvelles. ● ....'avais mon chien avec moi. ● .... avions une classe ensoleillée. ● .... *ou* .... avait un cartable fluorescent. ● .... aviez le temps d'y réfléchir. ● .... avais ton chapeau de soleil.

2 *Complète les phrases avec le verbe avoir à l'imparfait.* ● ● ●

● Vous .... un nouveau chauffeur. ● J' .... du mal à monter la côte à bicyclette. ● Nous .... quelques jours de repos. ● Elle .... sa robe neuve. ● Tu .... de beaux cheveux bouclés. ● Les arbres .... l'air d'avoir froid.

À l'imparfait, le verbe **être** s'écrit :

j'**étais**, tu **étais**, il *ou* elle **était**,
nous **étions**, vous **étiez**, ils *ou* elles **étaient**.

3 *Complète les phrases en ajoutant le pronom personnel qui manque.* ● ● ●

● .... étiez déjà en route. ● ....'étais le plus petit du groupe. ● .... *ou* .... étaient en retard. ● .... étais près du but. ● .... étions sur le point de partir. ● .... *ou* .... était en train de nager.

4 *Complète les phrases par le verbe être à l'imparfait.* ● ● ●

● Nous .... deux vrais amis. ● Tu .... dans la cuisine. ● Ils .... trop nombreux. ● Elle .... contrariée de devoir rentrer. ● ....-vous à la fête ? ● J' .... trop faible pour appeler.

5 *Écris à l'imparfait les phrases suivantes.* ● ● ●

● Nous sommes douze à table. ....
● Je suis le capitaine de l'équipe. ....
● Les fleurs sont ouvertes. ....

Le langage poétique

Quand on écrit une poésie, on parle des choses, des animaux et des gens d'une façon **plus originale**, **plus drôle** ou **plus imaginative**. On associe les mots de manière différente : ils deviennent de véritables notes de musique qui composent une chanson.

Les gouttes de pluie, ce sont les larmes du ciel.

1 **Trouve des définitions poétiques aux mots en terminant les phrases.**

● La nuit, c'est ....

● Un rêve, c'est ....

● Le désert, c'est ....

● Le miroir, c'est ....

2 **Imagine ce que les choses ou les animaux pourraient dire s'ils agissaient comme des personnes.**

Le feu a dit : «Je dévore de mille langues brûlantes.»

● Le mille-pattes a dit : «.. »

● Le vent a dit : «... »

● La chaussure a dit : «... »

● La Terre a dit : «... »

3 **Même consigne en imaginant ce qu'ils pourraient faire.**

Mars, qui rit malgré les averses, prépare en secret le printemps.

● Juillet ....

● L'hiver ....

● La mer ....

● La montagne ....

4 **Cherche des mots avec les mêmes sonorités que les noms d'animaux.**

Le ch<u>at</u> aime le ciném<u>a</u>.

● La souris ....
● L'éléphant ....

● Le kangourou ....
● Le perroquet ....

● L'escargot ....
● Le mouton ....

Le participe passé employé avec le verbe être

Le **participe passé** employé avec le verbe **être s'accorde en genre et en nombre** – comme un adjectif qualificatif – **avec le sujet du verbe**.

Ces plant**es** sont vert**es** (adj.).
Ces plant**es** sont séché**es** (verbe sécher).

1 **Complète par** *il* **ou** *elle*, *ils* **ou** *elles*.

………… est entêté. ● ………… sont fleuries. ● ………… est flétrie. ● ………… sont cassés.
………… sont égarés. ● ………… est appliquée. ● ………… sont boisées. ● ………… est rayé.

2 **Accorde les participes passés si nécessaire.**

● La fillette est sorti…… ● Les enfants sont venu…… ● Pierre est pressé……
● Les clous sont pointu…… ● La terre est gelé…… ● Les feuilles sont tombé……
● Le mur est fendu…… ● Les places sont réservé…… ● Le lait est bouilli……
● La glace est fondu…… ● Les cheveux sont frisé…… ● Les montres sont garanti……

3 **Même consigne.**

● Le facteur est passé…… ● Les classes sont décoré…… ● Les vitres sont cassé……
● Nathalie est revenu…… ● Ces vases sont tombé…… ● Les élèves sont guéri……
● Les chaussures sont ciré…… ● La crêpe est flambé…… ● Le ballon est gonflé……
● Les garçons sont habitué…… ● La poubelle est vidé…… ● Les champs sont inondé……

4 **Écris les participes passés des verbes entre parenthèses.**

● Les enfants sont (**partir**) ……………… en vacances. ● Mes amis sont (**arriver**) ……………… hier soir. ● Les vêtements sont (**brosser**) ……………… . ● Les raisins sont (**cueillir**) ……………… en automne. ● Les pommes sont (**ramasser**) ……………… par les promeneurs. ● Les fleurs sont (**arroser**) ……………… par le jardinier. ● Les travaux sont (**finir**) ……………… . ● Les prix sont (**calculer**) ……………… . ● Les vases sont (**remplir**) ……………… . ● Les mains sont (**salir**) ……………… par la peinture.

Grammaire

Le groupe complément déplaçable

 Le groupe complément déplaçable **peut préciser le lieu**.

Nous jouons (où ?) **dans la forêt**. **Dans la forêt**, nous jouons.

1 **Souligne les compléments qui précisent le lieu.**

● La panthère a bondi dans sa cage. ● Elle a rencontré sa cousine au marché. ● Une taupe a creusé un trou dans le sol. ● J'ai rangé mon jeu dans le placard. ● Une violente tempête s'est abattue sur l'ouest de la France. ● Elle a perdu son collier dans la cour. ● Maman a posé ton classeur sur l'étagère. ● Au bord de la mer, on peut apercevoir des mouettes. ● Il s'est caché derrière l'arbre. ● Elle déjeune dans la cuisine.

2 **Complète les phrases avec des compléments précisant le lieu.**

● Un cerf se promène... .

● L'oiseau a fait son nid.. .

● Elle a noué un foulard.. .

● .... poussent des champignons.

 Le groupe complément déplaçable peut **préciser le temps** (moment ou durée).

Hier, il a plu très fort. (Il a plu quand ?)
Nous avons joué **pendant deux heures**. (Pendant combien de temps ?)

3 **Souligne les compléments qui précisent le temps (moment ou durée).**

● Le médecin est venu hier. ● Dimanche, il a fait un temps splendide. ● Le train part à 10 heures. ● Ils ont roulé pendant une heure. ● Fais cuire ton gâteau pendant quarante minutes. ● Le toit a été refait l'année dernière. ● L'année prochaine, je serai en CM1. ● Tu peux te baigner pendant dix minutes. ● Tout à l'heure, tu iras à la cave.

4 **Complète les phrases avec des compléments précisant le temps.**

● Nous prendrons notre déjeuner.. .

● ...., j'irai chez ma grand-mère.

● Le spectacle va commencer... .

● ...., nous ferons du ski.

Conjugaison

L'imparfait des autres verbes

À l'imparfait, certains verbes changent, mais ils gardent toujours les mêmes terminaisons : **-ais**, **-ais**, **-ait**, **-ions**, **-iez**, **-aient**.

voir : je **voyais** ; prendre : **je prenais**

1 **Complète les terminaisons des verbes à l'imparfait.**

● L'ingénieur voul............ construire un pont. ● Les fusées permett............ d'aller dans l'espace. ● Je ne dis............ pas toujours ce que je recev............ . ● À cette époque, on viv............ difficilement. ● Tu conduis............ souvent la voiture. ● Nous achet............ ce qu'il fallait pour dîner. ● Vous dev............ faire un voyage.

2 **Mets les verbes entre parenthèses à l'imparfait.**

● Les alpinistes (**partir**)........................... sur les plus hauts sommets.

● Autrefois, les hommes (**vivre**)........................... dans des cavernes.

● Ils (**obtenir**)........................... du feu en frottant des morceaux de silex.

● Tu nous (**servir**)........................... une boisson fraîche.

● Je (**construire**)........................... des bateaux avec quelques planches.

3 **Complète ce tableau en conjuguant les verbes à l'imparfait.**

	aller	venir	faire	voir
je, j'	allais	....	....	....
tu	....	venais	....	....
il *ou* elle	....	....	faisait	....
nous	....	....	....	voyions
vous	....	....	....	....
ils *ou* elles	....	....	....	....

4 **Écris les phrases suivantes à l'imparfait.**

● Tu suis son exemple. ....

● Elle prend son temps. ....

● Ils ouvrent la porte. ....

● Les enfants boivent du lait. ....

Unité 14

Les mots croisés

> Les «mots croisés» sont des jeux qui consistent à trouver des mots d'après leurs définitions et à les écrire dans les cases qui leur sont réservées.
> Les définitions sont écrites comme des devinettes pour aider à trouver, mais sans que cela soit trop facile.
>
> milieu de la journée = midi

1 **Trouve les mots correspondant aux définitions.**

- synonyme de travail : E.................I
- contraire de nouveau : A...................N
- synonyme de habile : A.................T
- contraire de la guerre : P..........X

2 **Imagine des définitions pour les mots suivants.**

- identique : ....
- dehors : ....,...............
- minuit : ....

3 **Trouve les mots correspondant aux cases.**

- **Verticalement**
1. Oiseau que l'on plume dans une chanson.
2. Petit âne.

- **Horizontalement**
A. Amuse les enfants.
B. Lieu où l'on fabrique des choses en quantité.

4 **Trouve les mots de cette grille.**

- **Verticalement**
1. Se prend dans une baignoire.
2. Verbe ou auxiliaire.
3. Début de girafe. Note de musique.
4. *User* à la 3e pers. du sing. du présent.
5. Action de trier.

- **Horizontalement**
A. Se porte au doigt.
B. Opinion.
C. 2 voyelles. Il ne faut pas le confondre avec *est*.
D. Maison de l'oiseau.
E. Viande que l'on fait cuire au four.

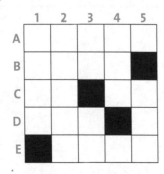

Orthographe

tout, toute, tous, toutes
quel, quelle, quels, quelles

Tout, placé devant un nom et son déterminant, **s'accorde avec ce nom**.

tout le livre, toute la journée, tous les jours, toutes les fleurs

1 **Complète par** *tout, toute, tous, toutes*.

- .... le journal
- .... la mer
- .... le quartier
- .... les jouets
- .... la carte
- .... la course
- .... l'étage
- .... les pièces
- .... le jardin
- .... les chevaux
- .... les heures
- .... la ville

2 **Même consigne.**

- La tempête a dévasté .... le pays. • Le dentiste lui a arraché .... les dents.
- L'écureuil a mangé .... les noisettes. • Il a travaillé .... la matinée.
- .... les bateaux sont rentrés au port. • .... l'école part en classe de mer.
- .... les voitures sont arrêtées.

Quel, placé devant un nom, sert à poser des questions ou à s'exclamer.
Il **s'accorde avec ce nom**.

Quel hiver ! Quelle belle journée ! Quels sont tes livres ?
Quelles couleurs aimes-tu ?

3 **Complète par** *quel, quelle, quels, quelles*.

- .... tuyau
- .... poissons
- .... glaces
- .... outils
- .... hirondelle
- .... bureau
- .... cyclistes
- .... trousse
- .... arbre
- .... assiette
- .... ballons
- .... questions

4 **Même consigne.**

- À .... adresse peut-on t'écrire ? • .... sont tes plages préférées ?
- .... gâteaux veux-tu ? • .... beau cheval ! • .... sont tes disques ?
- .... est le second de la liste ? • .... chaussures mettras-tu ?
- .... sports pratiquez-vous ? • Dis-moi .... est ton nom. • Je ne sais pas
.... vêtements emporter.

Les pronoms compléments

Observe : Je cherche **la solution** : je **la** (la = solution) cherche.
Elle regarde **les coureurs** : elle **les** (les = coureurs) regarde.

Le groupe complément non déplaçable peut être remplacé par un **pronom complément** : **le**, **la**, **l'**, **les**.
Le pronom permet d'**éviter** les **répétitions**.

1 **Recopie les phrases et utilise des pronoms compléments pour éviter les répétitions.**

Je cueille une cerise et je mange la cerise. → Je cueille une cerise et je <u>la</u> mange.

● Il prend ses baskets et il met ses baskets. → ....

....

● Maman prépare le rôti et met le rôti dans le four. → ....

....

● Il cherche un disque et il écoute le disque. → ....

....

● Le lion poursuit sa proie et mange sa proie. → ....

....

2 **Complète par le pronom complément qui convient.**

● Je sors mes billes et je .... compte. ● Papa a acheté une voiture et .... conduit.
● Il retire le bouchon et .... pose sur la table. ● Bruno cherche son chien et
.... appelle. ● Marina prend son seau et .... remplit. ● Elle prend son livre et
.... range. ● Elle nous parle souvent de ses poupées, car elle .... aime beaucoup.
● Nous allumons la télévision et nous .... regardons. ● Il pèle une orange et ....
mange. ● Il prend sa veste et .... met.

3 **Complète par un groupe complément qui peut aller avec le pronom complément utilisé.**

● Prête-moi ...., je te la rendrai tout de suite. ● Carole a envoyé
...., je l'ai lue. ● Si tu creuses ...., il faudra
le reboucher ensuite. ● Je lave .... et je les coiffe. ● Papa fait
.... et la met à cuire. ● Je prends ....
et je le colle sur l'enveloppe.

Conjugaison

L'impératif présent

L'impératif est utilisé pour exprimer des **ordres** ou des **conseils**.
Il s'emploie **sans pronom sujet**. Il ne se conjugue qu'à la **2ᵉ personne du singulier**, à la **1ʳᵉ** et à la **2ᵉ personne du pluriel**.

> Raconte   Racontons   Racontez

Attention ! À la **2ᵉ personne du singulier de l'impératif**, les verbes en **-er** prennent un **e**. Tous les autres verbes prennent un **s**, sauf **aller** qui s'écrit va .

1 ● ● ●

Complète par le verbe *avoir* **à l'impératif :** *aie, ayons, ayez*.

● Si on te propose d'aller jouer,................ le courage de refuser. ● Vous êtes seuls, mais n'................ pas peur. ● Nous n'avons rien fait de mal, alors................ l'air naturel !

2 ● ● ●

Complète par le verbe *être* **à l'impératif :** *sois, soyons, soyez*.

● Vous faites la compétition, alors................ les meilleurs ! ● Tu vas rester seul un moment, surtout................ bien sage. ● Nous devons partir tout de suite,................ à l'heure !

3 ● ● ●

Complète en utilisant les verbes entre parenthèses à la 2ᵉ personne du singulier de l'impératif.

● (**prêter**)................-moi ton stylo.   ● (**relire**)................ ton texte.

● (**rendre**)................ la monnaie.   ● (**tenir**)................ le ballon.

● (**revenir**)................ .

4 ● ● ●

Complète le tableau.

	présent	impératif
trouver	tu..................	trouve
approcher	tu approches	....
sauter	tu..................	....
choisir	nous..................	....
faire	nous faisons	....
dire	....	dites
prendre	tu..................	....

Les jeux avec les mots

Les définitions de mots amusantes, originales, énigmatiques (en forme de devinettes) peuvent permettre toutes sortes de jeux.

1 **Le jeu des AS. Trouve 6 mots, horizontalement, qui contiennent la syllabe AS et qui correspondent aux définitions suivantes.**

- Légume de forme allongée.   AS ....
- Sorte de balance.   ..... AS ....
- Synonyme de remuer.   .... AS ....
- Ensemble, elles forment un texte.   .... AS ....
- Lieu où l'on fait du sport.   .... AS .....
- On dort dessus.   .... AS

2 **Les anagrammes. Trouve les autres mots en lisant leur définition entre parenthèses.**

Avec GUIDE, **on peut former** DIGUE.

- Avec MARE, on peut former   .... (goût désagréable).
- Avec POULE, on peut former   .... (sert à voir de très près).
- Avec CAMPER, on peut former   .... (douleur musculaire).
- Avec NICHE, on peut former   .... (animal domestique).
- Avec POIL, on peut former   .... (bien élevé).

3 **Les charades. Trouve des définitions pour faire deviner les mots indiqués.**

Mon premier n'est pas haut (bas), mon second n'est pas court (long), mon tout est rond (bas-long) → ballon.

- drapeau : ....
....
- carotte : ....
....
- pinson : ....
....

Orthographe

leur – leurs ● ou – où

> ● Lorsque **leur** fait partie du **groupe nominal**, il **s'accorde avec le nom**.
>   leur maison, leurs enfants.
>
> ● Lorsque **leur** est placé devant un **verbe** et que l'on peut le remplacer par **lui**, il **ne s'accorde jamais**.
>   Je **leur** parle. (Au singulier : je **lui** parle.)

1 ● ● ●

Complète les groupes nominaux par *leur* **ou** *leurs*.

- .... voyage
- .... animaux
- .... restaurant
- .... pelouses
- .... avion
- .... vacances
- .... bagages
- .... bureau
- .... dents
- .... légumes
- .... imprudence
- .... chance

2 ● ● ●

Complète les phrases par *leur* **ou** *leurs*.

● .... soirée s'est bien passée. ● Je .... dirai franchement ce que je pense.
● Elle .... garde .... plantes pour les arroser. ● Je .... emporte ....
goûters. ● Le gardien .... ouvre .... cages. ● Les poules pondent .... œufs.
● Les pêcheurs vendent .... poissons. ● Ils .... achètent .... livres.

> ● **Ou (sans accent)** indique le **choix** entre deux choses.
>   Veux-tu cette bille **ou** celle-là ?
>
> ● **Où (avec accent)** indique l'**endroit**, le **lieu**.
>   Elle ne sait pas **où** (à quel endroit) elle a posé ses lunettes.

3 ● ● ●

Complète par *ou* **ou bien par** *où*.

● Ton anniversaire est-il le 12 .... le 13 juin ? ● J'ignore .... elle a rangé son jeu.
● Veux-tu du gâteau .... un fruit ? ● .... pars-tu en promenade ? ● Nous ne savons
pas .... va ce bateau.

4 ● ● ●

Même consigne.

● Je ne sais pas .... il est : à la piscine .... au judo. ● .... est ton stylo ?
● Savez-vous .... mène ce chemin ? ● Est-ce Jérôme qui a fait ce dessin .... Nathalie ?

Grammaire

La phrase impérative

 La phrase impérative sert à donner des **ordres** ou des **conseils**. Elle utilise pour cela l'**impératif présent.** (Revoir l'impératif présent, page 59.)

1 *Souligne les phrases impératives.*

● Ce lac est très profond. ● Pourquoi avez-vous pris cette valise ? ● Ne plonge pas !

● Quel temps épouvantable ! ● Sortez vite ! ● Elle a cueilli un citron vert.

● Il met ses bottes de sept lieues ; fuyons avant qu'il n'arrive ! ● Ne le dérange pas !

2 *Écris les phrases suivantes à l'impératif.*

● Tu ne fermes pas la fenêtre. ....

● Tu viens me voir plus souvent. ....

● Tu prends ton bain et tu vas te coucher. ....

● Tu réfléchis avant de répondre. ....

● Nous envoyons un colis par la poste. ....

● Vous entrez sans faire de bruit. ....

3 *Transforme les phrases selon le modèle.*

Il faut faire cuire à feu doux. → Fais cuire à feu doux.

● Il faut brancher la prise de courant. → ....

● Il faut choisir la bonne direction. → ....

● Il faut faire deux équipes. → ....

4 *Réécris ce texte à la 2ᵉ personne du singulier de l'impératif.*

Peindre la tête de la marionnette, passer une couche unie. Dessiner les yeux et la bouche. Coller des morceaux de feutrine ou de fourrure. Ajouter quelques paillettes ou des boutons.

....

....

....

....

....

Conjugaison

Le passé composé (2)

Au passé composé, les verbes ont des **participes passés différents**.

● Les verbes en **-er** font leur participe passé en **-é**. J'ai chanté.

● Les verbes en **-ir**, comme **finir** ou **bondir**, font leur participe passé en **-i**. Tu as fini.

● Voici d'autres exemples de participes passés : en **-u** (**boire**...), en **-i** (**rire**...), en **-it** (**dire**...), en **-is** (**mettre**...), en **-ert** (**ouvrir**...), en **-t** (**faire**...)...

Il a bu. Elle a ri. Nous avons dit.
Vous avez mis. Ils ont ouvert. Elles ont fait.

1 **Transforme ces phrases en suivant le modèle.**

Je lis un magazine. → J'ai lu un magazine.

● Vous cueillez des fleurs. → ....

● Ils découvrent un nouveau jeu. → ....

● Nous présentons nos cahiers. → ....

● Elle écrit une lettre. → ....

● Je peins un tableau. → ....

● Tu prends ton cartable. → ....

● Il nourrit son animal. → ....

● Elles entendent des bruits. → ....

● Je sens une odeur. → ....

● Vous couvrez vos livres. → ....

2 **Écris au passé composé les verbes entre parenthèses.**
(Attention aux accords avec le verbe *être* !)

● Hier, il (**aller**) .... au cinéma. Avec son père, ils (**prendre**) .... l'autobus ; ils (**descendre**) .... au bout de trois stations. Ils (**rire**) .... , le film leur (**plaire**) .... et, à la fin, ils (**applaudir**) ....

● Cet été, j'(**faire**) .... une randonnée : j'(**mettre**) .... des chaussures de marche et j'(**remplir**) .... mon sac à dos. J'(**voir**) .... des volcans et j'(**rapporter**) .... de belles pierres. Comme il faisait chaud, j'(**boire**) .... beaucoup.

mémo CHOUETTE

Auxiliaires		1er groupe	2e groupe	3e groupe
PRÉSENT				
Avoir	**Être**	**Parler**	**Réussir**	**Vouloir**
j'ai	je suis	je parle	je réussis	je veux
tu as	tu es	tu parles	tu réussis	tu veux
il / elle a	il / elle est	il / elle parle	il / elle réussit	il / elle veut
nous avons	nous sommes	nous parlons	nous réussissons	nous voulons
vous avez	vous êtes	vous parlez	vous réussissez	vous voulez
ils / elles ont	ils / elles sont	ils / elles parlent	ils / elles réussissent	ils / elles veulent
IMPARFAIT				
Avoir	**Être**	**Gagner**	**Franchir**	**Rire**
j'avais	j'étais	je gagnais	je franchissais	je riais
tu avais	tu étais	tu gagnais	tu franchissais	tu riais
il / elle avait	il / elle était	il / elle gagnait	il / elle franchissait	il / elle riait
nous avions	nous étions	nous gagnions	nous franchissions	nous riions
vous aviez	vous étiez	vous gagniez	vous franchissiez	vous riiez
ils / elles avaient	ils / elles étaient	ils / elles gagnaient	ils / elles franchissaient	ils / elles riaient
FUTUR				
Avoir	**Être**	**Appeler**	**Nourrir**	**Courir**
j'aurai	je serai	j'appellerai	je nourrirai	je courrai
tu auras	tu seras	tu appelleras	tu nourriras	tu courras
il / elle aura	il / elle sera	il / elle appellera	il / elle nourrira	il / elle courra
nous aurons	nous serons	nous appellerons	nous nourrirons	nous courrons
vous aurez	vous serez	vous appellerez	vous nourrirez	vous courrez
ils / elles auront	ils / elles seront	ils / elles appelleront	ils / elles nourriront	ils / elles courront
PASSÉ COMPOSÉ				
Avoir	**Être**	**Créer**	**Finir**	**Aller**
j'ai eu	j'ai été	j'ai créé	j'ai fini	je suis allé(e)
tu as eu	tu as été	tu as créé	tu as fini	tu es allé(e)
il / elle a eu	il / elle a été	il / elle a créé	il / elle a fini	il / elle est allé(e)
nous avons eu	nous avons été	nous avons créé	nous avons fini	nous sommes allé(e)s
vous avez eu	vous avez été	vous avez créé	vous avez fini	vous êtes allé(e)s
ils / elles ont eu	ils / elles ont été	ils / elles ont créé	ils / elles ont fini	ils / elles sont allé(e)s
IMPÉRATIF				
Avoir	**Être**	**Trouver**	**Choisir**	**Rendre**
Aie !	Sois !	Trouve !	Choisis !	Rends !
Ayons !	Soyons !	Trouvons !	Choisissons !	Rendons !
Ayez !	Soyez !	Trouvez !	Choisissez !	Rendez !

Imprimé en France par I.M.E. - 25110 Baume-les-Dames
Dépôt légal : 93412-4/03 - Juillet 2010

CW00742160

SCHOLASTI

READ & RESPOND

Bringing the best books to life in the classroom

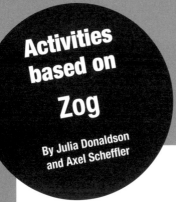

Activities based on Zog

By Julia Donaldson and Axel Scheffler

Terms and conditions

IMPORTANT – PERMITTED USE AND WARNINGS – READ CAREFULLY BEFORE USING

IF YOU ACCEPT THE ABOVE CONDITIONS YOU MAY PROCEED TO USE THE CD-ROM.

Recommended system requirements:
Windows: XP (Service Pack 3), Vista (Service Pack 2), Windows 7 or Windows 8 with 2.33GHz processor
Mac: OS 10.6 to 10.8 with Intel Core™ Duo processor
1GB RAM (recommended)
1024 x 768 Screen resolution
CD-ROM drive (24x speed recommended)
Adobe Reader (version 9 recommended for Mac users)
Broadband internet connections (for installation and updates)

For all technical support queries (including no CD drive), please phone Scholastic Customer Services on 0845 6039091.

Designed using Adobe Indesign
Published by Scholastic Education, an imprint of Scholastic Ltd
Book End, Range Road, Witney, Oxfordshire, OX29 0YD
Registered office: Westfield Road, Southam, Warwickshire CV47 0RA

Printed and bound by Ashford Colour Press
© 2017 Scholastic Ltd
1 2 3 4 5 6 7 8 9   7 8 9 0 1 2 3 4 5 6

British Library Cataloguing-in-Publication Data
A catalogue record for this book is available from the British Library.
ISBN 978-1407-16065-8

Extracts from *The National Curriculum in England, English Programme of Study* © Crown Copyright. Reproduced under the terms of the Open Government Licence (OGL). http://www.nationalarchives.gov.uk/doc/open-government-licence/version/3

Due to the nature of the web, we cannot guarantee the content or links of any site mentioned. We strongly recommend that teachers check websites before using them in the classroom.

Author Jean Evans
Editorial team Rachel Morgan, Jenny Wilcox, Kate Pedlar and Jennie Clifford
Series designer Neil Salt
Designer Alice Duggan
Illustrator Jim Peacock/Beehive Illustration
Digital development Hannah Barnett, Phil Crothers and MWA Technologies Private Ltd

Acknowledgements
The publishers gratefully acknowledge permission to reproduce the following copyright material:

Scholastic Children's Books for permission to use the cover and text from *Zog* © Julia Donaldson and Axel Scheffler, 2010. Reproduced with permission of Scholastic Children's Books. All rights reserved.

Every effort has been made to trace copyright holders for the works reproduced in this book, and the publishers apologise for any inadvertent omissions.

CONTENTS ▼

▾ INTRODUCTION

Read & Respond provides teaching ideas related to a specific children's book. The series focuses on best-loved books and brings you ways to use them to engage your class and enthuse them about reading.

The book is divided into different sections:

- **About the book and author:** gives you some background information about the book and the author.

- **Guided reading:** breaks the book down into sections and gives notes for using it with guided reading groups. A bookmark has been provided on page 10 containing comprehension questions. The children can be directed to refer to these as they read.

- **Shared reading:** provides extracts from the children's book with associated notes for focused work. There is also one non-fiction extract that relates to the children's book.

- **Phonics & spelling:** provides phonics and spelling work related to the children's book so you can teach these skills in context.

- **Plot, character & setting:** contains activity ideas focused on the plot, characters and the setting of the story.

- **Talk about it:** has speaking and listening activities related to the children's book. These activities may be based directly on the children's book or be broadly based on the themes and concepts of the story.

- **Get writing:** provides writing activities related to the children's book. These activities may be based directly on the children's book or be broadly based on the themes and concepts of the story.

- **Assessment:** contains short activities that will help you assess whether the children have understood concepts and curriculum objectives. They are designed to be informal activities to feed into your planning.

The activities follow the same format:

- **Objective:** the objective for the lesson. It will be based upon a curriculum objective, but will often be more specific to the focus being covered.

- **What you need:** a list of resources you need to teach the lesson, including digital resources (printable pages, interactive activities and media resources, see page 5).

- **What to do:** the activity notes.

- **Differentiation:** this is provided where specific and useful differentiation advice can be given to support and/or extend the learning in the activity. Differentiation by providing additional adult support has not been included as this will be at a teacher's discretion based upon specific children's needs and ability, as well as the availability of support.

The activities are numbered for reference within each section and should move through the text sequentially – so you can use the lesson while you are reading the book. Once you have read the book, most of the activities can be used in any order you wish.

Below are brief guidance notes for using the CD-ROM. For more detailed information, please click on the '?' button in the top right-hand corner of the screen.

The program contains the following:

- the extract pages from the book
- all of the photocopiable pages from the book
- additional printable pages
- interactive on-screen activities
- media resources.

Getting started

Put the CD-ROM into your CD-ROM drive. If you do not have a CD-ROM drive, phone Scholastic Customer Services on 0845 6039091.

- For Windows users, the install wizard should autorun. If it fails to do so, then navigate to your CD-ROM drive and follow the installation process.
- For Mac users, copy the disk image file to your hard drive. After it has finished copying, double click it to mount the disk image. Navigate to the mounted disk image and run the installer. After installation, the disk image can be unmounted and the DMG can be deleted from the hard drive.
- To install on a network, see the ReadMe file located on the CD-ROM (navigate to your drive).

To complete the installation of the program, you need to open the program and click 'Update' in the pop-up. Please note – this CD-ROM is web-enabled and the content will be downloaded from the internet to your hard drive to populate the CD-ROM with the relevant resources. This only needs to be done on first use. After this you will be able to use the CD-ROM without an internet connection. If at any point any content is updated, you will receive another pop-up upon start-up when there is an internet connection.

Main menu

The Main menu is the first screen that appears. Here you can access: terms and conditions, registration links, how to use the CD-ROM and credits. To access a specific book, click on the relevant button (only titles installed will be available). You can filter by the drop-down lists if you wish. You can search all resources by clicking 'Search' in the bottom left-hand corner. You can also log in and access favourites that you have bookmarked.

Resources

By clicking on a book on the Main menu, you are taken to the resources for that title. The resources are: Media, Interactives, Extracts and Printables. Select the category and then launch a resource by clicking the 'Play' button.

Teacher settings

In the top right-hand corner of the screen is a small 'T' icon. This is the teacher settings area. It is password protected. The password is: login. This area will allow you to choose the print quality settings for interactive activities ('Default' or 'Best') and also allow you to check for updates to the program or re-download all content to the disk via 'Refresh all content'. You can also set up user logins so that you can save and access favourites. Once a user is set up, they can enter by clicking the login link underneath the 'T' and '?' buttons.

Search

You can access an all resources search by clicking the 'Search' button on the bottom left of the Main menu. You can search for activities by type (using the drop-down filter) or by keyword by typing into the box. You can then assign resources to your favourites area or launch them directly from the search area.

CURRICULUM LINKS

Section	Activity	Curriculum objectives
Guided reading		Comprehension: To participate in discussion about what is read to them, taking turns and listening to what others say; to explain clearly their understanding of what is read to them.
Shared reading	1	Spoken language: To maintain attention and participate actively in collaborative conversations, staying on topic and initiating and responding to comments.
	2	Comprehension: To participate in discussion about what is read to them.
	3	Comprehension: To be introduced to non-fiction books that are structured in different ways; to explain clearly their understanding of what is read to them.
Phonics & spelling	1	Word reading: To respond speedily with the correct sound to graphemes for all 40+ phonemes, including, where applicable, alternative sounds for graphemes.
	2	Word reading: To read words with contractions, and understand that the apostrophe represents the omitted letter(s).
	3	Transcription: To use the spelling rule for adding 's' or 'es'; to use 'ing', 'ed', 'er' and 'est' where no change is needed in the spelling of the root word.
	4	Word reading: To read other words of more than one syllable that contain taught GPCs.
Plot, character & setting	1	Composition: To write sentences by sequencing sentences to form short narratives.
	2	Comprehension: To explain clearly their understanding of what is read to them.
	3	Comprehension: To make inferences on the basis of what is being said and done.
	4	Spoken language: To maintain attention and participate actively in collaborative conversations, staying on topic and initiating and responding to comments.
	5	Comprehension: To draw on what they already know or on background information and vocabulary provided by the teacher.
	6	Word reading: To read accurately by blending sounds in unfamiliar words containing GPCs.
Talk about it	1	Spoken language: To participate in discussions and role play.
	2	Comprehension: To recognise and join in with predictable phrases.
	3	Spoken language: To participate in discussions and presentations.
	4	Comprehension: To discuss word meanings, linking new meanings to those already known.
	5	Comprehension: To become very familiar with key stories, fairy stories and traditional tales, retelling them and considering their particular characteristics.
	6	Spoken language: To listen and respond appropriately to adults and their peers.
Get writing	1	Composition: To plan or say out loud what they are going to write about; to write for different purposes.
	2	Composition: To discuss what they have written with the teacher or other pupils.
	3	Composition: To re-read what they have written to check that it makes sense.
	4	Composition: To develop positive attitudes and stamina by writing for different purposes; to plan or say out loud what they are going to write about.
	5	Composition: To read aloud their writing clearly enough to be heard by their peers and the teacher; to write for different purposes.
	6	Composition: To sequence sentences to form short narratives.
Assessment	1	Composition: To begin to punctuate sentences using a capital letter and a full stop, question mark or exclamation mark.
	2	Transcription: To spell common exception words.
	3	Transcription: To write from memory simple sentences dictated by the teacher that include words using the GPCs and common exception words taught so far.
	4	Composition: To use a capital letter for names of people, places, the days of the week, and the personal pronoun 'I'.

About the book

Zog is the keenest member of the dragon school, but also the most accident prone. His greatest wish is to win one of Madam Dragon's golden stars but, as he struggles to complete the tasks she sets him, he gathers cuts and bruises, and even sets fire to one of his wings. Luckily, a kind little girl is always on hand to patch up his injuries. Then, just as he is giving up on the tough task of capturing a princess, his new friend announces that she is Princess Pearl and is willing to be captured. And so a proud and happy Zog wins a golden star at last! However, when a gallant knight arrives to rescue Princess Pearl, Zog will not let her go without a fight. Luckily, Pearl is a peace-loving princess and persuades them to change their plans. All three of them fly off together, creating a very satisfying end to a wonderful tale.

Children will sympathise with this charming character as he strives to achieve his aim; they will surely empathise with him as the elusive golden star continually evades him and he gathers all manner of injuries instead. Their imaginations will fly as he soars and swoops and loops the loop, and the importance of caring for one another will be strengthened as children follow the actions of the kind little girl. As always, children will love the humour in Axel Scheffler's illustrations, and will appreciate and experiment with the effects of the richly patterned language, rollicking rhyme and satisfying repetition so prevalent in Julia Donaldson's stories.

About the author

Julia Donaldson MBE is one of our most popular children's authors, with a natural ability to understand children's imaginative worlds. She was appointed Children's Laureate in 2011, and during that time she visited libraries and inspired children to act and read aloud.

As a student, she went busking around Europe; this experience, supported by her wonderful rhyme and language skills, led to a career in singing and songwriting, mainly for BBC children's television. One of these songs, 'A Squash and a Squeeze', was made into a book in 1993, with quirky illustrations by Axel Scheffler.

Of all of Julia Donaldson's characters, perhaps the best known is the Gruffalo, whose inspiration has roots in Chinese folklore. Many of her popular books have been made into audio books, musical CDs and DVDs, and whole families have enjoyed the theatrical productions that they have also inspired.

About the illustrator

Axel Scheffler has collaborated on picture books with Julia Donaldson since the publication of *A Squash and a Squeeze*, but he is also the best-selling illustrator of books such as *The Bedtime Bear* and *The Tickle Book*. His distinctive characters and humorous details bounce from every page, perfectly enhancing Julia Donaldson's unique and wonderful verse. Other popular characters created by this successful partnership include the Gruffalo, the Gruffalo's child, Tiddler, Stick Man and Tabby McTat.

Key facts

Zog

Author: Julia Donaldson

Illustrator: Axel Scheffler

First published: 2010 by Alison Green Books

Awards: Galaxy Book Award, 2010; Oxfordshire Book Award, 2011

Did you know? *Zog and the Flying Doctors* written by Julia Donaldson and illustrated by Axel Scheffler, is the captivating sequel to 'Zog' following the adventures of the flying doctor crew and featuring the same characters.

GUIDED READING

Introducing the book

Depending on the edition, hold up the front cover of the book and explore the illustration together before asking children to predict the possible story content. Read the title and ask question 1 on the Guided Reading bookmark (page 10). Establish that the story is likely to be about a dragon called Zog. Invite children to decide which character is Zog, giving reasons for their choice. (He is the largest dragon, in the centre.)

Draw attention to the names 'Julia Donaldson' and 'Axel Scheffler' and ask if the children have heard of either of them. Establish which one is the author and which is the illustrator (see page 7 for more information on them both). Discuss the children's awareness of Julia Donaldson's style (for example, the stories are often funny and are usually in rhyme). Ask for recollections of other titles she has written. Ask question 5 on the bookmark, and identify Axel Scheffler's distinctive style on the facial expressions of the characters on the cover. Discuss what they might be saying to one another.

Identify clues in the background that indicate the possible story setting (countryside with a ruined church or castle).

Turn to the back cover illustration and search for clues about the largest dragon's role. (The blackboard and chalk suggest he/she is a teacher.)

Focus on the princess illustration on the blackboard and speculate about what the large dragon might be saying to the smaller dragon. Discuss what this illustration indicates about the type of story this is. (It is likely to be a fantasy or fairy story.)

Read the blurb and talk about what we know about the main character and possible plot from this. Read the last sentence of the blurb again and explore the front cover image of Zog closely. Is there a clue about the story ending? (He is wearing a golden star.) Following this cover exploration, encourage children to voice their initial impressions of the book.

Hints for reading to the children

Ensure that your reading fires the children's creative imaginations as they engage with this lively, amusing and heart-warming tale. Try to build upon the initial impressions formed after exploring the cover. Read clearly and expressively, encouraging participation and varying vocal tone and body language to build up mood and atmosphere. Introduce varied and consistent character voices, and use interesting body movements to engage children, such as waving a hand or spinning it to indicate specific actions ('zigzagging' or 'twirling'). Emphasise words depicting sound, such as 'roared', 'louder' and 'hoarse', by raising and lowering your voice, and raise your voice at the end of questions. Pause for effect when indicated by an ellipsis, and stop at significant points to ask what might happen next or to predict a word or phrase, for example, before turning a page or after reading the word 'zigzagged' ('…through the blue').

Divide your initial reading into four sections, focusing on different aspects of the story.

Section 1 (first three double-page spreads)

As you read this first section, focus on understanding the meaning of the text through appropriate comments and queries. For instance, ask question 2 on the Guided Reading bookmark to establish what is meant by unusual phrases and new vocabulary.

Focus on the words the author uses to describe Zog's flying. Ask question 7 on the bookmark and invite individual children to demonstrate what each word means by pretending to fly in this way ('soared', 'swooped', 'looped the loop', 'crashed', 'zigzagged'). Discuss why effective descriptive words are so important in helping us to establish 'mind's eye' images. Comment together on how the illustrations enhance awareness of flying movements.

Section 2 (next four double-page spreads)

As you read this section, focus on repetition, encouraging children to identify phrases from the first section that are repeated ('What a good idea!' and 'zigzagged through the blue'). Speculate that these phrases might occur in later sections. As before, explain new vocabulary, such as 'implore', 'fearsome force', 'fumes' and 'triumph'.

Draw attention to the rich and detailed illustrations and discuss how they enhance the story; for instance, explore the fascinating detail in the illustration of Madam Dragon breathing fire and identify differences between the individual attempts of her pupils.

Section 3 (next four double-page spreads)

As you read through this section, invite children to consider how Zog's feelings have varied as the story has progressed – from frustration with his failures to elation when he succeeds in winning the golden star. Encourage the children to make comparisons with similar emotional experiences of their own.

Always be prepared to follow the children's comments, interests and ideas during discussions, and encourage respect for differing opinions and aspirations. Ask question 3 on the Guided Reading bookmark.

Spend time focusing on the element of rhyme. Ask question 6 on the bookmark and discuss the importance of this feature in relation to this section.

Invite the children to choose a favourite page and read this to them, emphasising the rhythm and rhyming words. Read it again, this time asking them to tap in time to the rhythm and rhyme. Try substituting rhyming words with non-rhyming words that have similar meanings. Ask which version had rhyming words and decide as a class which one sounds best.

Section 4 (next four double-page spreads)

When reading this final section, talk about Princess Pearl's developing role in the story and then read question 8 on the Guided Reading bookmark.

Discuss the children's replies and establish their understanding of the importance of good friendships.

Talk about how Zog becomes a caring friend to the princess and knight by turning into an ambulance and flying them to their destinations. Discuss how the children's special friends help them.

As the story draws to a close, focus on the genre.

Ask question 4 on the bookmark to encourage children to consider elements of a fairy tale. Make a list together of illustrations of fairytale characters and objects in this section (for example dragons, princess, knight, castle and tower). Debate whether Zog is a typically evil fairytale dragon, or a friendly, kind one. Consider what is magical about the story, such as dragons that breathe fire, and a knight and a princess who fly away on one.

Developing impressions

After establishing the story genre, and exploring settings, characters, events and effects of rhyme in detail, ask question 9 on the Guided Reading bookmark to encourage the children to reconsider their initial impressions of the book.

SCHOLASTIC
READ & RESPOND
Bringing the best books to life in the classroom

Zog by Julia Donaldson and Axel Scheffler

Focus on...
Meaning

1. Who do you think Zog is? Does this title provide any clues about the story?

2. What do you think 'many moons ago', 'looped the loop' and 'through the blue' mean?

3. Is Zog a good student? Does he learn everything he is supposed to?

Focus on...
Organisation

4. How can you tell from the background illustrations that this is a kind of fairy tale?

5. What do you like best about Axel Scheffler's illustrations?

SCHOLASTIC
READ & RESPOND
Bringing the best books to life in the classroom

Zog by Julia Donaldson and Axel Scheffler

Focus on...
Language and features

6. Do you think writing in rhyme is a good way to tell this story? Why do you think this?

7. Which words does the author use to describe Zog's movements as he practises flying? Can you think of different words to use instead?

Focus on...
Purpose, viewpoints and effects

8. In what ways do you think the little girl is a caring friend to Zog? Why are friends like this important?

9. Now you have thought about the story in more detail, do you still feel the same about it, or has your first impression changed?

Extract 1

- Display and read an enlarged copy of Extract 1. Explain that these are the opening lines of the story. Invite the children to identify the setting (a dragon school in the woods) and the names of two main characters (Zog and Madam Dragon). Encourage them to suggest possible plot events from contextual clues (learning to fly, winning gold stars). Circle the inverted commas and decide who is speaking.

- Highlight the rhyming words at the end of lines to emphasise them. Suggest that the text resembles a poem because of the regular rhyming words at the end of every two lines. Substitute a non-rhyming word with a similar meaning to each pair, for example, change 'fly/sky' to 'fly/clouds'. Talk about the effect this has on the overall rhythm. Underline the contractions 'you've', 'you'll' and 'you're' in the sentence beginning "Now that…". Read this sentence again without contractions and discuss how the rhythm is affected.

- Invite children to predict what might happen next.

Extract 2

- Display and read an enlarged copy of Extract 2, explaining that these are the closing lines of the book.

- Highlight rhyming words, as with Extract 1, and underline the words 'Then' (adverb) and 'And' (conjunction). Establish that rhyme strengthens rhythm and that adverbs and conjunctions can help text to flow. Ask the children to highlight the exclamation marks and to read the words preceding them expressively. Discuss why the author has used them in these places.

- Focus on meaning within the text. Establish the role of Flying Doctors in society and the meaning of 'crew' in this instance. Talk about what Madam Dragon means when she says "An excellent career!" and ask: *What career would you like to have?* Ask: *Why does Madam Dragon invite the horse to stay at her dragon school?*

- Discuss whether or not this extract makes a good ending, encouraging children to give reasons for their decision.

Extract 3

- Display an enlarged copy of Extract 3 with only the title showing. Read this title and discuss the meaning of the word 'data', referring to children's experiences of mathematical and computer data to support understanding. Establish that this is a factsheet and discuss the purpose of such sheets. Invite children to speculate about what might be included.

- Reveal the whole extract and read the first sentence, encouraging children to use their existing phonic knowledge and skills to build up the words, and providing support for those that still challenge them. Explain that the words in bold have meanings that may be new to them. Continue reading and analysing sentences for the rest of the extract. Finally, ask questions to establish children's understanding of what has been read, such as: *What creatures do dragons resemble? What is the name for a dragon's sharp claw? What is meant by 'possess'? Can you describe what is meant by 'scaly'? Can you name a different mythical creature?*

Extract 1

Madam Dragon ran a school, many moons ago.

She taught young dragons all the things that
dragons need to know.

Zog, the biggest dragon, was the keenest one by far.

He tried his hardest every day to win a golden star.

All the dragons in Year One were learning how to fly.

"High!" said Madam Dragon. "Way up in the sky!

"Now that you've been shown, you can practise on
your own

And you'll all be expert fliers by the time you're fully
grown."

Extract 2

Then Zog said, "Flying doctors! I'd love to join the crew.

If you'll let me be your ambulance, then I can carry you."

"Bravo!" said Madam Dragon. "An excellent career!"

And all the Year Five dragons gave a loud resounding cheer.

Then Madam Dragon told the horse, "I really hope you'll stay.

I'll let you be my pupils' pet, and feed you lots of hay."

"What a good idea!" said Zog. Then up and off he flew,

The Flying Doctors waving as they zigzagged through the blue.

Extract 3

Deadly Dragon Data!

1. Dragons are **mythical** monsters that **exist** only in our imaginations.

2. A typical dragon has a **scaly** body like a **reptile**, large wings, slanted eyes, **talons** and a long tail.

3. Although dragons look **fearsome**, often breathing fire or ice, a few are **gentle** and kind.

4. Most dragons fly, even those without wings, but some stay on the ground.

5. Most dragons **possess** magical powers and use them to fight good or evil.

6. Western dragons are terrifying, scaly, green creatures with red wings.

7. Eastern dragons are kind, helpful, wingless creatures with horns instead of ears.

Dragon words

mythical	exist	scaly	reptile
talons	fearsome	gentle	possess

1. Creating rhyming strings

Objective

To respond speedily with the correct sound to graphemes for all 40+ phonemes, including alternative sounds for graphemes.

What you need

Copies of *Zog*, Extract 2, interactive activity 'Rhyming strings'.

What to do

- Read *Zog* to the children and ask them to join in with the rhyming words.

- Display Extract 2. Choose children to highlight the rhyming words at the end of each line.

- Identify rhyming words with matching graphemes representing phonemes ('car<u>eer</u>/ch<u>eer</u>', 'st<u>ay</u>/h<u>ay</u>') and underline them. Now identify alternative graphemes ('crew/you', 'flew/blue'). Underline these and identify letter combinations used to make the phoneme. Ask children to suggest examples of words that use the letters 'oo' to make this phoneme ('moon', 'zoo', and so on).

- Emphasise that these words have the same sound within them but different spellings and meanings.

- Display interactive activity 'Rhyming strings' and read the instructions. Establish that the words in the containers appear in *Zog*, as do many of those at the bottom of the screen. Read the first word and together identify three rhyming words to drop alongside it so that children understand what to do.

- Invite children to complete the activity in pairs, discussing word choices and taking turns to drag and drop the words.

- As a class, complete the activity on screen.

- Have fun chanting the children's rhyming strings.

Differentiation

Support: Ask children to match only one rhyming word from the bottom of the screen with each word above.
Extension: Invite children to compose sentences containing two of the rhyming words.

2. Correct contractions

Objective

To read words with contractions, and understand that the apostrophe represents the omitted letter(s).

What you need

Extract 2, interactive activity 'Correct contractions', copies of *Zog*, printable page 'Create contractions'.

What to do

- Revise children's knowledge of the use of contractions, reminding them that we often use contractions when we speak to one another.

- Write a sentence on the board, such as 'I'm hoping you've brought your wellies', and together highlight the contractions. Identify the words contracted.

- Display Extract 2 and highlight contracted words together. Read the extract without contractions and discuss when Madam Dragon might talk in this formal way.

- Display the first screen of interactive activity 'Correct contractions', read the instructions and complete the first sentence. Suggest that children identify the contracted words to make it easier to decide where the apostrophe should be (after the word 'you').

- Ask children to complete the activity in pairs before going through it together as a class.

- Display the printable page and explain that it involves creating contractions. Complete the first sentence together, discussing which letters to remove and where to put the apostrophes.

- Allow time for individual completion of the page before discussing the correct spelling of the contractions together.

Differentiation

Support: Invite children to complete the first screen only, referring to *Zog* to see the contractions in context.
Extension: Encourage children to find contractions in *Zog* and then to rewrite the sentences with the contractions removed.

3. Choosing suffixes

Objective

To use the spelling rules for using 'ing', 'ed', 'er' and 'est', and for adding 's' or 'es'.

What you need

Copies of *Zog*, interactive activity 'Choosing suffixes', individual whiteboards and pens.

What to do

- Revise the rule for adding the suffixes 'ing' and 'ed' to verbs, and 'er' and 'est' to adjectives: for words ending in two consonants, or two vowels and a consonant, simply add the ending. Write words from *Zog* on the board as examples.

- Display the first screen of interactive activity 'Choosing suffixes'. Explain that one word in each sentence has its suffix missing. Read the instruction and complete the first sentence together so that children understand what to do. (Try both endings to see which one sounds correct in context.)

- Display the second screen and ask children to choose a sentence to complete on their whiteboards. Discuss results.

- Now revise the rule for plural endings: if the ending sounds like /s/ or /z/ it is spelled 's'; if it sounds like /iz/ it is spelled 'es'. Write plurals of words from *Zog* as examples ('princesses', 'dragons' and so on).

- Display the third screen and invite children to choose a sentence to complete as above.

- Allow time for individual completion of the whole activity before discussing the correct suffixes as a class.

Differentiation

Support: Complete the screen(s) relevant to children's current experience and ability.
Extension: Find the two words in *Zog* with suffixes following consonant-vowel-consonant endings: 'zigzagged' and 'gripping'. Identify the extra letter that has been added. Find further examples in favourite stories.

4. Separating syllables

Objective

To read other words of more than one syllable that contain taught GPCs.

What you need

Copies of *Zog*, printable page 'Building words', interactive activity 'Counting syllables'.

What to do

- Revise how to break words into syllables. Write three words from *Zog* on the board with one, two and three syllables (for example, 'Zog', 'zigzag', 'peppermint'), and ask the children to identify which is which.

- Explain that some words can be separated into two separate words, such as 'pan/cake'. Discuss the meaning of these words and the meaning of the compound word made by combining them.

- Display the printable page 'Building words'. Invite children to decide on the new word that can be created by combining the names of the two objects in each row.

- Allow time for children to complete the page in pairs before sharing results as a class. Comment on how all the words have two syllables apart from 'sunflower', which has three.

- Display interactive activity 'Counting syllables', explaining that the objective is to identify how many syllables are in each word before dropping it into the correct container. Find one word to drop into each container as examples.

- Complete the activity in pairs, sharing ideas and supporting one another with reading, before discussing results as a class.

Differentiation

Support: Ask children to concentrate on finding one- or two-syllable words, depending on their reading ability.
Extension: Invite children to list as many three- and four-syllable words as they can in a section of a favourite story.

1. Following a sequence

Objective

To sequence sentences to form short narratives.

What you need

Copies of *Zog*, interactive activity 'Sequence the story'.

Cross-curricular link

Mathematics

What to do

- Read *Zog*. Discuss how the story follows a sequence based on the passing of time at dragon school.

- Talk about what Madam Dragon teaches in each year, and encourage children to make links with their own school plan. Divide the board into two columns, headed 'Dragon school' and 'Our school', with Years 1 to 6 down the left side of each one.

- Ask children to recall what the dragons learn in each year and write these lessons on the board. Consider whether there is a Year 6 at this school and, if so, what the dragons might learn. Agree on a class answer and write this on the board.

- Repeat this with the right-hand column, with children discussing what they think they will learn during each school year. Save the results for the activity 'Comparing schools' (page 19).

- Display the first screen of interactive activity 'Sequence the story' and ask the children to complete it from memory. Together, check whether events are sequenced correctly.

- Display the next two screens, briefly recalling the events at the bottom. Ask why the princess was considered helpful when she told Zog not to fight.

- Suggest children complete the whole activity in pairs before coming together to share responses.

Differentiation

Support: Ask children to concentrate on what the dragons learn each year (first screen) only.
Extension: Ask children to compose sequences about things that might happen during each year.

2. Explain your understanding

Objective

To explain clearly their understanding of what is read to them.

What you need

Copies of *Zog*, photocopiable page 20 'Explain your understanding', individual whiteboards and pens.

What to do

- Read *Zog* to the children before asking some simple questions about it, such as: *What is the name of the teacher in the story? Who is the main character?* Invite the children to write their answers on their whiteboards and then swap with a partner to check.

- Arrange the children in groups of four to answer questions about the story that will show how well they understand it.

- Provide each group with a copy of the photocopiable page 20 'Explain your understanding' for every member. Ask them to discuss each question together before deciding on a joint answer. Suggest that they each take responsibility for recording the group answer to one of the four questions.

- Bring the class together in their groups. Go through the questions, asking a child from each group to read out their joint answer. If the answer is brief, extend questioning to ensure clearer understanding by asking, for example: *Why is water good if you have a burn? How do you think the horse felt about staying behind as the dragons' pet?*

Differentiation

Support: Ask children to discuss the questions on the sheet and give oral responses.
Extension: Ask children to compose questions about the events that happen to the dragons during each year of dragon school.

3. Character descriptions

Objective

To make inferences on the basis of what is being said and done.

What you need

Copies of *Zog*, interactive activity 'Facts and inferences', individual whiteboards and pens.

What to do

- Read *Zog* to the children, and write the names of the main characters on the board: Zog, Madam Dragon, Princess Pearl and Sir Gadabout.

- Discuss what the children already know about these characters, asking individuals to write a fact on the board alongside each character's name.

- Underline known facts the children have written about the characters' appearance and role; for example, Madam Dragon is a teacher and Sir Gadabout wears a suit of armour. Explore comments about character traits, such as 'kind' and 'caring', and ask for evidence.

- Introduce the word 'infer', and explain that this is what we do when we form an impression of a character from their actions and behaviour.

- Display the first screen of interactive activity 'Facts and inferences', explaining that it refers to facts we know from book evidence. Complete the Zog facts together to demonstrate how to complete the activity.

- Display the third screen, explaining that it refers to inferences we might make from evidence in the book.

- Complete the Madam Dragon inferences on the third screen, asking children for evidence, using questions such as: *Why did you infer that she is strict but kind?*

- Divide the children into pairs to complete the rest of the activity, discussing the facts and inferred character traits together. Invite children to add their own facts and inferences on whiteboards.

- Bring the class together to share their results, and discuss their additional facts and inferences.

4. Spot the difference

Objective

To maintain attention and participate actively in collaborative conversations.

What you need

Copies of *Zog*, interactive activity 'Spot the difference', printable page 'My dragon'.

What to do

- Read *Zog* and then ask the children to recall any differences between the six dragon pupils. Write these recollections on the board.

- Display the illustration of the six dragons depicted on the first spread of *Zog*. Ask the children to identify further differences to add to the list.

- Comment on the fact that, although the dragons are different colours, their features look similar at first glance. Encourage children to find individual features that identify each dragon, such as feathery wings.

- Display interactive activity 'Spot the difference'. Read the words 'one horn' at the bottom and ask children which dragon this applies to (Zog). Drag and drop the words into the column beside the name 'orange dragon'.

- Invite children to work in pairs, with each child taking turns to read a feature and drop it alongside the correct dragon until all the features have been used.

- Bring the class together and complete the activity together on screen.

- Display, read and discuss an enlarged version of the printable page 'My dragon' together.

- Invite pairs of children to use this to design a dragon together, collaborating on possible distinctive features, commenting positively about one another's suggestions and reaching joint decisions.

- Bring the class together to show and describe their dragon creations.

5. Comparing schools

Objective

To draw on what they already know or on background information and vocabulary provided by the teacher.

What you need

Copies of *Zog*, enlarged copy of the weekly class timetable, photocopiable page 21 'Comparing schools'.

What to do

- Read *Zog* together before asking the children to tell you what they know about the dragon school (for example, the teacher's name, the subjects learned and some resources used, such as a blackboard and scarecrow princess).

- Discuss what the children know about their own school; display the weekly timetable to establish the subjects taught, names of teachers and resources used, such as computers and PE equipment).

- Extend curriculum comparisons by displaying the saved comparison chart created for the lesson 'Following a sequence' (page 17).

- Display photocopiable page 21. Go through the questions in the left-hand column, ensuring that children understand the meaning of the words, 'resources' and 'rewards' in this context.

- Suggest that children write the names of staff actually working with them rather than naming all the teachers in school; when naming pupils, they should refer to dragons by their colour, and name six pupils from their own class.

- Depending on age, ask Year 1 children to discuss what they might learn in Year 2, and Year 2 children to recall what they learned in Year 1.

- Ask pairs of children to discuss their responses and complete the sheet together. They should fill in a column each, but collaborate on answers first.

Differentiation

Support: Ask children to complete the first three questions on the sheet only.

6. What does it mean?

Objective

To read accurately by blending sounds in unfamiliar words containing GPCs that have been taught.

What you need

Copies of *Zog*, individual whiteboards and pens, interactive activity 'What does it mean?'.

What to do

- Choose some unfamiliar words from *Zog* that children should be able to read by blending sounds with taught GPCs, for example, 'crew', 'trusty', 'career'. Ask them to read the words.

- Talk about the meaning of the word 'definition' and write a definition for one of the words on the board, for example, 'Crew – a group of people who work together on a job'.

- In groups, children discuss the meaning of the remaining words. Provide copies of *Zog* so that they can read the words in context. Challenge them to find as many of the words on the board as they can in the book and write a definition for each one on their whiteboards.

- Bring the class together and invite children to read out their definitions.

- Display the first screen of interactive activity 'What does it mean?'. Read the first definition together, as well as the given words. Encourage children to blend sounds in unfamiliar words.

- Invite a child to select the word that they think matches the definition. Ask the rest of the class if they agree, discussing any differences of opinion and reaching an overall decision.

- Ask children to complete the activity in pairs.

- Together, compare results, discussing any difficulties with reading and understanding.

Differentiation

Support: Suggest children complete as many definitions as they can, providing support when necessary.

Explain your understanding

- Answer the questions below.
- Remember to write in sentences.

1. Why did Zog lie in the pond after burning his wing tip?

_____

_____

2. Why were some of the dragons carrying a scarecrow princess?

_____

_____

3. Why did the little girl invite Zog to capture her?

_____

_____

4. What happened to the knight's horse at the end of the story?

_____

_____

Comparing schools

- Complete the table below to compare your school with Zog's school.

	Dragon school	My school
Where is it?		
Who is the teacher?		
Can you name six children?		
What do children learn in Year 1?		
What do children learn in Year 2?		
What resources/ pieces of equipment are available?		
What rewards are given?		

▼ TALK ABOUT IT

1. Dragon lessons

Objective

To participate in discussions and role play.

What you need

Copies of *Zog*, headbands labelled 'Madam Dragon' and 'Zog', coloured stickers.

Cross-curricular link

Drama

What to do

- Read *Zog*, focusing on what the dragons learn during each school year.

- Consider why only Madam Dragon speaks during lessons. Compare this with the children's lessons, where they actively participate in discussions, asking and answering questions.

- Focus on the Year 1 lesson and invite children to suggest what the dragon pupils might say when learning to fly. Extend their ideas, by joining in, in role, for example say *Eeeek! I can't flap my wings enough to stay in the sky!*

- Divide into groups of seven, with two children playing Zog and Madam Dragon, and five children playing the other dragons. If necessary, have more or fewer dragon pupils in each group.

- Provide each group with named headbands for Madam Dragon and Zog; provide the others with coloured stickers to identify them as individual dragons. (Additional dragons can wear a colour not used in the story.)

- Allocate a school year to each group, depending on the number of children in the class, starting with Year 1.

- Invite the groups to perform a short scenario about their first lesson. Provide copies of Zog to extend their ideas.

- Bring the groups together to perform their scenarios to the class, starting with Year 1.

- Engage in class discussions about the various interpretations.

2. Year 6

Objective

To recognise and join in with predictable phrases.

What you need

Copies of *Zog*, photocopiable page 25 'A year went by, and…'

What to do

- Read the first half of *Zog* aloud, emphasising the second rhyming word in each couplet so that children appreciate the rhythm.

- Continue to the end, pausing before rhyming words and encouraging children to join in.

- Write words relating to the lessons for each year on the board: 'fly', 'roar', 'blow', 'princess', 'fight'. Ask children to write the rhyming words alongside: 'sky', 'implore', 'snow', 'guess', 'knight'. (Find them in the book if this proves difficult.)

- Read the start of the three repeated sentences about what dragons learn, 'A year went by, and in Year…' Ask the children to finish them, through memory or by referring to the book.

- Display photocopiable page 25 'A year went by and…' and read the first instruction. Invite individuals to write words in the empty boxes.

- Read the instructions underneath. Ask children to think of a subject that dragons could learn in Year 6. Make a class choice from words at the bottom, or the children's own suggestions, and write this in the first empty box. Invite individual children to write rhyming words in the remaining boxes.

- Provide copies of the page for pairs to complete, before sharing their work with the class.

Differentiation

Support: Ask children to complete the first set of boxes only.

Extension: Ask children to use the rhyming words on their completed sheet to create a rhyming sentence for the dragons in Year 6.

3. I know how that feels!

Objective

To participate in discussions and presentations.

What you need

Printable page 'Sharing feelings', copies of *Zog*, individual whiteboards and pens.

Cross-curricular link

PSHE

What to do

- Cut the printable page 'Sharing feelings' into separate strips.

- Read *Zog* to the children.

- Explain that they are going to discuss how Zog feels at different points during the story. Suggest that their own experiences of when similar things have happened might help them to understand Zog's feelings, for example, when he is hurt or when he finally wins the golden star.

- Begin by exploring different page spreads and discussing how Zog might be feeling at this point from clues in the illustrations, for example, on the first page he looks excited and keen (hand up and leaning forward, eagerly). Identify occasions when children have felt like this.

- Display the printable page and read the first box. Explain that the children will be given the text from one of these boxes for group discussion.

- Divide the children into six groups, each one with a different strip from the printable page.

- Ask the children to read the text and to discuss their answers to the question. Suggest that they write significant personal words about feelings and events on their whiteboards.

- Bring the class together and invite each group in turn to make a presentation of their responses to the question given. They should choose someone to read the words on their strip, and then take turns to present their individual responses.

- Encourage personal opinions from the class after each presentation.

4. Words and meanings

Objective

To discuss word meanings, linking new meanings to those already known.

What you need

Extract 3, interactive activity 'Words and meanings', printable page 'True or false', green and red pencils.

What to do

- Display Extract 3 and read the statements aloud. Remind children of the previous discussion about this extract.

- Display interactive activity 'Words and meanings' and read the instructions together. Invite children to complete the first sentence by dragging and dropping the correct word into place. Check whether the sentence makes sense together and compose a new sentence that means the same, for example, 'Dragons are fantasy beasts'.

- Suggest that children complete the activity in pairs, discussing word choices and then reading for sense and meaning. Once they have finished, bring the class together to discuss results.

- Display printable page 'True or false' and explain that these sentences include the 'dragon words' from Extract 3 in order to check whether the children fully understand their meaning.

- Invite the children to decide whether the first sentence is true or false and choose someone to colour in their chosen answer.

- Go back into pairs to complete a copy of the page together, taking turns to colour in 'true' or 'false'.

- Bring the class together to compare results.

Differentiation

Support: Suggest that the children complete as many 'true or false' statements as they can, without tackling the interactive activity.

Extension: Ask the children to make up their own 'true or false' statements, incorporating the 'dragon words' from Extract 3.

5. Fairytale elements

Objective

To become very familiar with fairy stories and traditional tales, considering their particular characteristics.

What you need

Copies of *Zog*, printable page 'Elements of fairy tales', a selection of children's books (some that are fairy tales and some that are not).

What to do

- Read *Zog* and ask: *Do you think this story is a fairy tale?* Encourage them to give reasons for their responses.

- Display the printable page 'Elements of fairy tales' and explain the meaning of the word 'elements'.

- Ask the children to choose three sentences to read aloud. Talk about whether the fact given in each sentence applies to *Zog*; for example, *Zog* does not start with 'Once upon a time' but it does have a happy ending.

- Invite children to work in groups, each with a copy of the page, to consider whether or not *Zog* is a fairy tale. Suggest that they tick facts that apply to *Zog* as evidence for their decision.

- Bring the class together to share their decisions and discuss their evidence.

- Send the children back into their groups. Ask each group to choose a book from your selection and decide whether or not it is a fairy tale by ticking evidence on another copy of the printable page.

- Bring the class together and invite groups to give a presentation about their chosen book and why they decided whether or not it was a fairy tale.

Differentiation

Support: Ask children to focus on finding three elements on the printable page that apply to their chosen story.

6. Hot-seat interviews

Objective

To listen and respond appropriately to adults and their peers.

What you need

Copies of *Zog,* individual whiteboards and pens, printable page 'Hot-seat interviews', chair/throne, regal fabric, crown.

Cross-curricular link

PSHE

What to do

- Read *Zog* and then focus on the little girl/Princess Pearl. Ask children to write words describing her character on their whiteboards, such as 'caring', 'helpful', 'fun'. Share these words.

- Invite children to recall previous hot-seating experiences, and discuss character roles they remember. If this is new to them, describe what is involved and demonstrate this by inviting a child to play Zog and then questioning him/her.

- Once all children understand the concept, display printable page 'Hot-seat interviews'. Read the first question together and discuss possible responses from the princess. Encourage detailed sentences such as 'I was very worried and wanted to help Zog immediately', instead of 'Very shocked!'

- Divide children into groups, each with a copy of the page, to discuss the princess's possible responses to the questions. Once they have completed this section of the sheet, suggest that they make up their own questions to ask and write these underneath.

- Bring the class together and choose someone to take on the role of the princess, sitting on a 'throne' draped in regal fabric, wearing a crown.

- Invite groups to take turns to ask the princess questions, initially from their completed pages. Encourage the children to listen carefully to the princess's answers, and then ask them to think of questions linked to her responses.

A year went by, and…

- Write some words in the empty boxes that rhyme with the words on each side.

Year 1	fly		sky
Year 2	roar		implore
Year 3	blow		snow
Year 4	guess		princess
Year 5	fight		knight

- What might the dragons learn in Year 6?
- Choose a word from the bottom of the page (or think of your own) and write it in the first empty box below. Then think of two words that rhyme with it.

Year 6			

dance	glide	throw	hop	rap	slide	leap
huff	draw	chase	float	hiss	roll	skip

1. Dragon school open day

Objective

To develop positive attitudes and stamina by writing for different purposes.

What you need

Copies of *Zog*, school posters advertising open days, plays and so on, individual whiteboards and pens, paper, card, art materials, coloured pens.

Curriculum link

Art and design

What to do

- Read *Zog* together. List the subjects dragons are taught on the board alongside year numbers.

- Explain that Madam Dragon is holding a school open day so that the dragon pupils can demonstrate what they have learned to their families.

- Discuss what an open day is, recalling similar events held in your school, such as concerts and plays.

- Discuss what form the open day will take, for example, there could be an hourly demonstration from each year group, refreshments, and so on.

- Discuss your school posters. Stress the importance of attractive design and clear information.

- Suggest that groups design an eye-catching poster advertising Madam Dragon's event.

- Provide groups with school posters to help when deciding what to include in their posters, such as the time and date, events and refreshments. (They can use whiteboards to record ideas.)

- Encourage children to discuss what they are going to write, and to decide on lettering sizes and colours. Provide paper, card, art materials and pens.

- Display the completed posters around the room. Discuss the merits of each one.

Differentiation

Support: Make a list of headings and points to include on the board, before children start their posters.

2. First aid

Objective

To discuss what they have written with the teacher or other pupils.

What you need

Copies of *Zog*, media resource 'First aid equipment', small first aid kits, stethoscope, thermometer, syringe (use toy doctor's kit items if necessary), interactive activity 'Princess Pearl's bag', photocopiable page 29 'My first aid bag'.

What to do

- Read *Zog*. Draw the children's attention to the contents of Princess Pearl's bag. Speculate what might be in the bottles.

- Make a list of identified items on the board, adding further items Pearl uses, such as the stethoscope and thermometer. Discuss how these are used.

- Show children examples and images (using media resource 'First aid equipment') of the contents of first aid kits and identify their uses.

- Display interactive activity 'Princess Pearl's bag'. Invite children to identify the items from Princess Pearl's bag and match them to the words.

- Discuss how Pearl uses each item in the story.

- Ask children to imagine that they need to take a first aid bag for a holiday in a hot country. Discuss items needed, such as sun cream and insect repellent.

- Display photocopiable page 29 'My first aid bag' and read the instructions. Emphasise the need to write in sentences when describing items.

- In pairs, ask them to discuss the possible contents of their first aid bag before starting. Suggest that children write items on their whiteboards and choose their favourite six to put in the bag.

- Provide copies of the sheet for children to complete.

- As a class, discuss what they have written.

Differentiation

Extension: Children could explain the reasons behind some of their choices.

3. Zog's school report

Objective

To re-read what they have written to check that it makes sense.

What you need

Examples of children's learning journals, printable pages 'Zog's school report' 1 and 2, records or reports.

What to do

- Discuss the way children's learning is recorded with journals, target cards, assessment sheets and reports. Show examples without sharing content.

- Discuss why we keep learning records and share them with our families.

- Explain that busy Madam Dragon has asked the children to write Zog's report for her. Recall things that Zog learns.

- Display printable page 'Zog's school report (2)' while reading the instructions from printable page 'Zog's school report (1)' to the children.

- Read the titles of the lessons together and discuss possible comments to write, for example, 'Zog must watch where he flies so he does not crash!'

- Explain the marking system (5 is high and 1 is low).

- Discuss the meaning of 'manners', 'effort' and 'behaviour' under the 'Character' heading.

- Suggest that children discuss the report in pairs, discussing comments and scores before starting to write. Provide each child with a copy to complete.

- Ask partners to read their own writing to check that it makes sense, and then to read their partner's sheet to double check it.

- Ask children to read their reports to the class. Discuss differences in comments and scores and together decide which reports are the most accurate.

Differentiation

Support: Allow children to concentrate on completing the 'Lesson' and 'Grade' boxes only.

4. Zog's egg

Objective

To develop positive attitudes and stamina by writing for different purposes.

What you need

Copies of *Zog*, media resource 'Dragon eggs', a balloon for each child, paper strips, PVA glue, example instruction texts, paint.

Curriculum link

Art and design

What to do

- After reading *Zog* ask: *What do you think Zog's egg might have looked like?* Consider colour, texture and size. Explore images of dragons with their eggs using media resource 'Dragon eggs'.

- Invite the children to make papier mâché models of Zog's egg. Provide partially blown-up balloons, paper strips and glue. Demonstrate how to cover the balloon with paper strips using glue. As they work, encourage them to squeeze the paper up to create texture for rough eggs, or flatten it for smooth ones.

- While the eggs are drying, discuss times when we use instructions, such as for model making. Explore examples and discuss how information is arranged.

- Ask the children to write an instruction sheet for how to make a papier mâché egg. Talk about what is needed, such as a title and sequence of actions. Discuss whether illustrations might help. Invite children to write in pairs, discussing the layout and information to include together before starting.

- Finally, ask children to paint the eggs in their own colour choices and display them beside their completed sheets.

- Invite the class to comment positively on which sheets are the most accurate and easiest to follow.

Differentiation

Extension: Children could write an instruction text for something they can do or make, such as a paper hat, for a partner to follow.

5. Zog's egg adventure

Objective

To read aloud their writing clearly enough to be heard by their peers and the teacher.

What you need

Copies of *Zog*, papier mâché eggs made previously, photocopiable page 30 'Zog's egg adventure'.

What to do

- Read *Zog* and recall previous discussions about Zog's egg.

- Invite the children to consider what might happen to the egg before and after it hatches. Suggest that they turn their ideas into an exciting adventure story.

- Allow time for children to discuss their initial ideas in groups.

- Display photocopiable page 30 'Zog's egg adventure' and read it as a class. Revise the importance of arranging story sentences in sequence with a definite beginning, middle and end. Discuss appropriate story language and the use of conjunctions.

- Question whether the egg could be the main character in the story and discuss who the other characters might be.

- Using one child's suggestions, fill in the boxes together, modifying and extending ideas.

- Provide each child with a copy of the page to plan the story. As the children are planning, interact with individuals to support their ideas.

- Once the children have completed their plans, ask them to write their stories.

- Back in their groups, children should take turns to read their story to the others, using their model eggs as props to bring the story to life. Emphasise the need to read clearly so that the others can hear every word.

- Invite group members to choose the clearest reader in the group to read their story aloud to the whole class.

6. What happens next?

Objective

To sequence sentences to form short narratives.

What you need

Copies of *Zog*, copies of *The Gruffalo* and *The Gruffalo's Child*, printable page 'What happens next?'.

What to do

- Read *Zog*. Explain the word 'sequel' as a story that follows on from another, or has the same characters experiencing different events. Show the children *The Gruffalo* and *The Gruffalo's Child*. Invite them to decide which one is the sequel, explaining their reasons.

- Tell children that Julia Donaldson has also written a sequel to *Zog*, called *Zog and the Flying Doctors*. Discuss what might happen in this.

- Invite the children to write their own sequels to *Zog*, telling what happens to him after the three friends fly off at the end of the story.

- Stimulate ideas with questions such as: *Who will the Flying Doctors help? Where might they travel?*

- Discuss possible titles, such as *Flying Doctors to the Rescue!* or *Zog's Flying Disaster*.

- Display printable page 'What happens next?' and explain that it will help them to plan their sequel. Read and discuss it together.

- Revise appropriate story language, especially openings and endings, and focus on the importance of sequencing sentences.

- Ask children whether they will include repetition, such as Zog repeating 'What a good idea!' as before, or perhaps shouting 'Flying Doctors to the Rescue!'. They should write ideas in the box.

- Suggest that the children discuss and write plans in pairs before writing individual sequels.

- Bring the class together to share their sequels.

Differentiation

Support: Focus on just completing the plan.

My first aid bag

- Draw pictures of the items inside your first aid bag.

- Write the name of each item in your bag in the left column of the table.

- Write a sentence about how you will use the item in the right hand column.

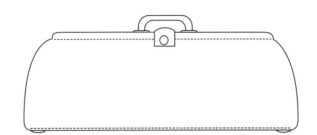

Item	What is it for?
scissors	I will use the scissors to cut the bandages.

Zog's egg adventure

- Plan and write your own adventure story about what happened to Zog's egg.

Title:

Setting:

Main character:

Other characters:

Beginning (Write words you are going to use to begin your story. How will you introduce the characters?)

Middle (Write two exciting events that will happen to the egg before it hatches.)

1. _____

_____

2. _____

_____

End (Make a note of words to use at the end. Will it be a happy or sad ending?)

1. Perfect punctuation

Objective

To punctuate sentences using a capital letter and full stop, question mark or exclamation mark.

What you need

Copies of *Zog*, Extract 2, interactive activity 'Perfect punctuation'.

What to do

- Read *Zog* and recall discussions about the way the author uses punctuation to emphasise words, for example by writing them in capitals and adding exclamation marks.

- Display Extract 2 and use it to revise the use of apostrophes, full stops, capital letters and exclamation marks, by asking children to highlight examples of these punctuation marks. Explain when you would use a question mark.

- Display the first screen of the interactive activity 'Perfect punctuation' and explain that these sentences about Zog are not punctuated correctly. The children need to drag the labels into place to correct them; the aim is for each sentence to be 'perfect'!

- Read the error descriptions for the first sentence. Demonstrate how to drag and drop the label into the correct space. Complete the remaining two labels together. If necessary, complete the second screen until children feel confident about what is expected.

- Hide the display and do individual assessments using this activity while revision discussions and instructions are fresh in children's minds.

- Discuss children's individual performances with them and decide together whether any aspects of their punctuation skills need further practice.

Differentiation

Support: Focus on correctly identifying the position of full stops and capital letters initially.
Extension: Ask children to write their own sentences about Zog, and to try to include commas and inverted commas when writing.

2. Can you spell it?

Objective

To spell common exception words.

What you need

Cards depicting regular words containing familiar GPCs along with an equal number of common exception words (particularly those occurring in *Zog*).

What to do

- Explain that you will be playing a word game to see how well the children can read and spell regular words that follow the phonic rules they have been taught, and to challenge them to do the same with those that do not.

- Write a regular word, such as 'moon', on the board and ask children to read it, discussing the process of building it up through the graphemes that represent phonemes. Do the same with a common exception word, such as 'school', discussing why this is more difficult to read.

- Ask the children to sit in a circle and arrange the cards upside down in the middle. Choose a child to pick a card, turn it over, read it aloud and call out the first letter without showing anyone the word.

- The adjacent child should then call the next letter, and so on, until the word is spelled correctly. Another child can then turn over the next card and the game continues.

- If a child has difficulty reading the word, or calling out the next letter, then the child with the card can write the word on the board. Children can then discuss why there are difficulties with this word.

- Assess the objective through observation of children's responses during the game.

3. Write from memory

Objective

To write from memory simple sentences dictated by the teacher that include words using the GPCs and common exception words taught so far.

What you need

Three prepared sentences for dictation that meet the above objective, individual whiteboards and pens.

What to do:

- Tell the children that you are going to see how well they can remember how to spell words and punctuate sentences.

- Explain to them that you have prepared three sentences that you will read aloud while they listen carefully. (Ensure that the sentences gradually increase in complexity to assess all levels of ability.) After you have finished reading each one, they should write it down.

- Discuss the importance of remembering to spell words correctly and checking that all punctuation is correct.

- Briefly revise key punctuation, recalling when to include capital letters, full stops, exclamation marks and question marks. Use examples from *Zog* to support this.

- Revise reading and spelling objectives already covered, for example, alternative sounds for graphemes, by recalling activities such as 'Creating rhyming strings' and 'Can you spell it?'.

- Ask children to write their names on their whiteboards and to write the numbers 1 to 3 equally spaced down the board.

- Read each sentence slowly and clearly before asking the children to write it down, pausing to allow time for them all to finish the sentence.

- Collect the children's work as assessment evidence before writing the sentences on the board and discussing spelling and punctuation.

4. Using capital letters

Objective

To use a capital letter for names of people, places, the days of the week, and the personal pronoun 'I'.

What you need

Individual whiteboards and pens, interactive activity 'Capital letters'.

What to do

- Explain the objective and invite four children to write a friend's name on the board. Ask another four to look for the positioning of capitals in these names and to circle them (correcting them first, if necessary).

- Now ask children to write the days of the week in order on their whiteboards, starting with Sunday. When they have finished, tell them to swap boards with a partner while you write the words on the board. Ask: *Are these spellings and capitals correct?*

- Ask partners to discuss the names of places they know and to write five of these on their whiteboards. Share the results as a class.

- Write a sentence on the board that includes the word 'I' within it, deliberately using a lower case 'i'. Ask: *What is wrong with this sentence?*

- Display the first screen of the interactive activity 'Capital letters' and complete the first sentence together, with individuals dragging and dropping letters into place.

- Display the second screen, explaining that these sentences include places and days of the week. Complete the first sentence as before.

- Allow time for the children to complete all of the sentences independently. Ask the children to save their work (for assessment).

Differentiation

Support: Ask children to focus on completing the first screen only, relating to names.